The
World
of
States

国家的
世界

［美］约翰·L.坎贝尔
［加］约翰·A.霍尔
著

闫健
译

John L. Campbell
John A. Hall

中央编译出版社
Central Compilation & Translation Press

图书在版编目（CIP）数据

国家的世界／（美）约翰·L.坎贝尔，（加）约翰·A.霍尔著；闫健译. —北京：中央编译出版社，2018.1

书名原文：The World of States

ISBN 978-7-5117-3388-7

I. ①国… II. ①约… ②约… ③闫… III. ①国际政治－研究 IV. ①D5

中国版本图书馆 CIP 数据核字（2017）第 223122 号

国家的世界

出 版 人：葛海彦

出版统筹：贾宇琰

责任编辑：赵　灿

责任印制：刘　慧

出版发行：中央编译出版社

地　　址：北京西城区车公庄大街乙 5 号鸿儒大厦 B 座（100044）

电　　话：(010) 52612345（总编室）　　(010) 52612341（编辑室）
　　　　　(010) 52612316（发行部）　　(010) 52612346（馆配部）

传　　真：(010) 66515838

经　　销：全国新华书店

印　　刷：北京中兴印刷有限公司

开　　本：880 毫米 × 1230 毫米　1/32

字　　数：150 千字

印　　张：7

版　　次：2018 年 1 月第 1 版

印　　次：2018 年 1 月第 1 次印刷

定　　价：49.00 元

网　　址：www.cctphome.com　　　邮　　箱：cctp@cctphome.com

新浪微博：@ 中央编译出版社

微　　信：中央编译出版社(ID: cctphome)

淘宝店铺：中央编译出版社直销店(http://shop108367160.taobao.com)
　　　　　(010) 55626985

本社常年法律顾问：北京市吴栾赵阎律师事务所律师　闫军　梁勤

凡有印装质量问题，本社负责调换，电话：(010) 55626985

序　言

　　虽然我们已经共事多年，但我们合作撰写此书的时间相当之晚。几年前约翰·霍尔（John Hall）就开始撰写此书，但后来却因有其他工作而暂时搁置。在这些工作中，有一个约翰·霍尔和约翰·坎贝尔（John Campbell）发起的项目，这要归功于他们在丹麦结成的个人友谊以及共同的专业旨趣。很多年前，他们二人开始关注这样一个问题，即在政治全球化与经济全球化日益加速的世界，为何这个小国（即丹麦——译者注）能够如此成功。霍尔认为，丹麦的成功很大程度上源于其文化同质性以及强大的民族认同感（national identity）。而坎贝尔则认为，丹麦的成功更多的应与其政治经济的制度安排联系在一起。后来发现，我们俩都是正确的。但是，这也驱使我们思考这样的问题，即我们的观点在多大程度上具有普遍性，可以用于解释其他国家的命运？本书就是这种思考的结果。

　　读者们很快就会发现，民族认同与制度安排是贯穿全书的两条主线。我们的核心观点是：尽管全球经济的步伐日益加快，但是，我们生活在一个国家的世界中。因此，我们关注的焦点是"权力"——既包括国家内部的权力，也包括国家之间的权力，以及权力如何随着时间的推移而发生变化。在我们看来，权力具有经济、政治和意识形态维度。同时，我们认为，既存在强制性权力，也存在集体性权力。我们将制度看作是权力的表达（expression of power）。很少有著作关注国际政治经济中民族主义与国家之间的关系，我们的这本书填补了研究空白。这其中存在许多复杂性问题。在本书中，我们两人就北方国家（尤其是美国）在世界政治经济中优势地位丧失的程度存有一定的分歧。我们希望以此为读者带来更多的启发。

受惠于克劳福德大法官（Justice Geoffrey Crawford）的慷慨，我们在佛蒙特（Vermont）最高法院办公室的工作会议尤其高效。在一次工作会议中，克劳福德（Geoffrey Crawford）、比尔·沃尔福思（Bill Wohlforth）以及马修·兰格（Matthew Lange）就本书的初稿提出了非常好的意见。伊格纳西奥·穆尼奥斯（Ignacio Munoz）、何巧玲（Qiaoling He）和阿里·泽伦（Ali Zeren）提供了出色的研究协助。我们还从马克·狄克逊（Marc Dixon）、苏珊娜·博拉斯（Susana Borras）、列弗·格林德贝格（Lev Grindberg）、迈克尔·曼（Michael Mann）、弗朗西斯科·迪纳（Francesco Duina）以及欧威·K. 佩德森（Ove K. Pedersen）等人那里得到了有裨益的反馈意见。在此，我们对他们的慷慨和洞见深表谢意。

在本书的结尾，我们对国家的未来进行了一系列思考。因此，我们要将本书献给我们的孙辈，丹尼尔、汉娜、本杰明、伊安、诺拉还有埃里克斯。

约翰·坎贝尔

莱姆（Lyme），新罕布什尔州（New Hampshire）

约翰·霍尔

伯灵顿（Burlington），佛蒙特州（Vermont）

目　录

导　论 ……………………………………………………… 1

　　展望 …………………………………………………… 10

第一章　往昔 ………………………………………… 15

　　基准 …………………………………………………… 15

　　欧洲的活力 …………………………………………… 21

　　欧洲的伯罗奔尼撒战争 ……………………………… 26

　　复原 …………………………………………………… 39

第二章　存在的状况：旧与新 ……………………… 50

　　新奇性 ………………………………………………… 51

　　连续性 ………………………………………………… 63

　　结语 …………………………………………………… 70

第三章　挑战者? …………………………………… 72

　　发展的性质 …………………………………………… 73

　　金砖国家 ……………………………………………… 79

　　俄罗斯 ………………………………………………… 86

　　中国 …………………………………………………… 88

印度 ································ 93

巴西 ································ 98

结语 ································ 102

第四章　全球的南方国家 ················ 104

对于赢弱性的剖析 ················ 105

勉强应付 ······················ 119

小结 ·························· 131

第五章　北方国家 ···················· 133

掌舵机制（steering mechanisms） ······ 134

欧洲联盟 ······················ 146

跨大西洋共同体 ·················· 156

结语 ·························· 166

第六章　依然是地球上最强大的国家？ ······ 168

枪炮与地缘政治 ·················· 171

活力与破坏、美元和债务 ············ 177

自我导致的伤口 ·················· 182

结语 ·························· 195

结　语 ····························· 198

参考文献 ··························· 207

导　论

　　我们生活在一个国家的世界中——或者说，如果不理解不同类型国家的制度特征，以及它们间互动的性质，我们就无法理解我们居于其中的世界。这就意味着，我们不同意许多政治家和学者们的以下看法，即随着全世界经济互动的速度和强度的提升，国家正在失去其权力。我们反对这种看法的理由之一是出于对经济和政治发展的考虑。当国家下决心追赶权力和繁荣时，该国家的领导能够带来更加成功的经济和政治发展。第二个理由与资本主义社会的本质属性相关：资本主义社会是多元而非单一的，它运转于不同的国家政治经济体之中。第三个理由是欧盟的出现。欧盟不是一个超国家（transnational state），而是一个舞台：在这个舞台上，国家定期会面，并以高度文明的方式解决彼此间的分歧。最后，本书将更多地关注这个国家——它害怕使用"国家"这个概念。美国诞生于反对殖民宗主国的反叛，对于在反德反日战争（以及冷战时期与苏联的竞争）中愈演愈烈的权力政治怀有不信任。但是，稍微思考一下便会使我们想起有史以来最强大的军事机器——我们现在知道，这台军事机器还得到了令人惊叹的、强大的间谍机构的支撑。

我们将逐一论证我们的上述论断。还有另一种方式可以使本书的读者——他们大都生活在先进的北方——迅速意识到国家权力的重要性，即解释为何他们视为理所应当的许多东西恰恰是其他很多国家所缺乏的。本书的大多数读者所生活的国家基本上从国民生产总值中提取超过三分之一的份额，用以支撑工业社会所依赖的基础设施，如学校、道路和各种福利。但是，众多生活在非洲和其他地区的贫穷国家的人们却无法享有这些基础设施。看看他们的状况有助于我们意识到自己所拥有的。如果我们处于他们的境遇，我们将不得不自己保护自己的财产，因为法庭无力就邻居间的财产权争议做出裁决，更不要说确保裁决的履行。经济交易常常得不到监管，因此，欺诈现象司空见惯，不信任的问题十分严重。人身安全有时还不得不通过自发的武装组织得到保证。失序和混乱的可能性有时候是真实存在的，尤其是当不同族群竞争最高权力之时。

这使我们想起伟大的国家理论家托马斯·霍布斯（Thomas Hobbes）。霍布斯生活在内战期间，这让他看到了人与人之间无休止的竞争所导致的可怕后果：

> 在这样的情形下，勤奋是无用的，因为工作成果是不确定的；进而，大地上没有文明；没有航海，也无法通过海洋进口商品；没有宽敞的建筑；没有工具搬运那些需要大量人力的物品；没有关于地球的知识；没有计时；没有艺术；没有信函；没有社会；这其中最坏的是持续的恐慌以及死于暴力的危险；人的生命孤独、贫困、混乱、野蛮

并且短暂。[1]

上述段落广为流传。但是，霍布斯同样清楚的是，除了保持秩序之外，国家还需要履行第二个任务。世界上不只有一个利维坦：国家间相互竞争，在"永无止境地寻求权力"的过程中求得安全。多级世界的这个特征，即便是在和平时期也会被发现：

> 单个人之间并不总是处于彼此敌对的状态。然而，拥有主权权威的国王和个人之间却并非如此。在所有时代，因为彼此的独立，它们始终彼此猜忌，始终像古罗马的角斗士那样彼此敌对。他们的武器始终对准彼此，他们的目光始终相互敌视。堡垒、要塞和炮台遍布在他们王国的疆界线上，他们还始终不断地相互刺探。这就是战争态势。[2]

霍布斯眼里的野蛮状况对于理解各个时期的国家都有帮助，尤其是，国家精英对其社会的某些权力是源于在更大的地缘政治舞台上采取行动的需要。但是，霍布斯的著作有助于我们通过对比的方式理解我们的世界。17 世纪之后，国家已经发生了很大的变化。国家的两大核心基本职能——维持秩序与安全——依旧如故，但是，实现这两大职能的方式却已焕然一新。

关于国家内部的秩序问题，我们可以提出以下两点。第一，

---

[1] Hobbes（1982），第十三章。
[2] Hobbes（1982），第十三章。

霍布斯同时代的人很快就发现，霍布斯所设想的国家或许本身就会成为失序的肇源，即国家可能会成为一个掠夺其臣民的贪婪组织。相应地，尽管经典自由主义理论也充分认可国家存在的必要性，但却主张控制国家。我们可以将这种变化简单概括如下：霍布斯影响了约翰·洛克（John Locke），后者推崇宽容、代表以及反抗的权力。我们为霍布斯、洛克及他们所代表的观点增加了一种特殊的变形（particular twist），简单地说就是：允许意见表达和接受妥协是最好的统治方式。融入和包容消除了激进主义存在的土壤。接受社会中冲突的存在确保了政治稳定——只要国家很少控制争论的领域，因而争论得以发生在任何地方。这一点需要强调一下。自由民主制会导致很多嘈杂和愤怒，但是大部分嘈杂和愤怒都没有什么意义（signify little）。冲突本身一定程度上能够释放体系内的不满，因而这种体系在近代以来也最为稳定。这就是自由马基雅维利主义的立场（liberal Machiavellianism）——这种立场并非全然是正向的，因为它赞扬自由主义是最佳的统治方式。① 即便如此，我们的补充还是必要和值得的，这可以从我们强调自由主义和民主的区分这一点得到验证。纯粹的民主本身是完全不宽容的，尤其是出现这样的情形，即占主导地位的民族根本不允许国家疆域内的少数民族发表任何意见。构成自由主义的那些制度——集会的权利、媒体自由、包容而非排斥少数族群——可被视为是对多数人暴政（majoritarian tyranny）所施加的限制。

关于第二点，我们实际上已经提到了，这里我们要谈谈它的

---

① Hall（2013），第三章。

重要性。在 17 世纪，国家为其社会做的事情很少，很大程度上仅是作为战争机器而存在。但是，现代国家的权力已经大幅扩展。我们刚才已经提到它们建立的庞大的基础设施。同样重要的是（我们刚刚讨论的）自由主义制度的扩散。国家的权力还可以进一步扩展：现在我们不仅依赖我们的国家来制止我们的吸烟行为，还依赖它阻止在家中最为私密的地方发生的暴力。利维坦正在发生变化并更具多样性，但是，它们绝不会与我们的日常毫不相关。

　　国家行为的外部维度也发生了变化。霍布斯的直接承继者对其提出了指责。霍布斯认为，只有通过征服和无所不用其极才能实现安全。这一点，孟德斯鸠（Montesquieu）和克劳塞维茨（Clausewitz）都不同意：全面战争是不可能取胜的，因为战争将其他所有国家联合起来，共同反对一个潜在的帝国。这些批评家认为，寻求安全更好的方式是通过权力平衡（balancing power）。这确实像是从欧洲历史中汲取的合理经验。但是，这一定是将什么全新的东西弃之不顾了。对于先进国家而言，核革命（nuclear revolution）几乎改变了一切。战争不再是理性的选择，也不再是政治以其他方式的继续。但是，这还不是判定国家间的竞争已经不复存在的时候。恰恰相反，（国家间的）经济竞争已经占据了原先由战场所占据的中心地位。

　　本书的核心是关注国家在 21 世纪初的状况，同时关注不同类型的国家及其之间的互动对于生存机遇的影响。理解现状的一种方式就是系统性地审视过去，进而进行纯粹的对比。我们将在第一章对欧洲国家的历史形成进行全面的分析，在此，有必要提及我们得到的一个普遍发现,因为,如同上面提到的霍布斯式的关切一样(Hobbesian concerns),它将为我们接下来的分析提供框架。尽管霍布斯对于国家的一般性界定基于国家的两大核心职能之上,即维持基本的秩序与保护不受其他国家侵犯,我们又加上了第三个职能——提供归属感。第三个职能使我们得以剖析现代国家的特征,尤其是与过去的农业帝国相比较。在现代的情境下,国家的"想象的共同体"是很重要的,因为其在民众中灌输了一种强烈的归属感。①

在欧洲,国家诞生于战争的熔炉之中。一种说法是,这种高强度的竞争具有进步意义,能够带来经济和社会发展。下文将对这种说法进行评析。但是,到了19世纪末,一种零和局面出现了。没有剩余的土地可供征服,进而生存下来的大国发现自己面临着一个困境:实力强大意味着规模要大,但是,规模大又意味着要面对疆域内的民族问题。不同的民族会为一个并不完全代表它们的较大实体而战吗?它们不会要求分离?为了实现最强大的目标,将规模与文化同质性结合在一起(亦即创建一个民族国家)不是最好的方式吗?

20世纪见证了民族国家原则的胜利。整合不同民族的一种路径就在于国家在民族意识兴起之前就获得权力。在这种情形下,不同的民族认可一种核心的单一文化,进而每个国家最终都会拥有自己独特的民族,后者享有国家的保护。但是我们必须提醒自己,这并不是民族被整合进国家的唯一方式。第二种路径的

---

① Anderson(1983).

代表是瑞士和印度，这两个国家的经历表明，多民族的民族国家（multinational nation-states）可以并且确实能够存在。（各民族能够享有的）各种类型的权利——联邦权利、邦联权利和文化权利——能够为各民族提供充分的表达机会，因此它们都会忠于其生活的（更大的）政治体。

然而，假如整合可能的话，那么，民族的政治化（politicization of nation）也同样可能，这会导致分离和国家的分裂。排斥会强化民族主义情绪、好战倾向以及冲突，而融合则能使之平息。但是，当国家不通过赋权的方式允许融入的话，那么，民族常常被迫接受国家。萧伯纳（George Bernard Shaw）曾明确指出，人们意识到民族主义具有两面性：

> 一个健康的民族是不会注意到自身的国籍问题的，正如一个健康的人不会关注自己的骨头一样……假若你打破了一个民族的国籍，它所想的还是再重新恢复到原来的状况。它不会听取任何意见，无论你是改革者、哲学家还是布道者，直到它的民族主义要求被满足为止。[1]

民族凝聚力事实上是一股强大的力量，尽管拥有它的国家常常不会意识到其改变的能力以及承受负担的能力都基于民族凝聚力之上。但是，民族主义也会导致巨大的破坏，尤其当民族分歧与阶级分野联系在一起的时候。20 世纪的欧洲经历了人口迁徙、

---

[1]　Shaw（1907），pp. xxxiv – xxxv.

种族清洗以及大屠杀所导致的恐怖，每个国家或许拥有了自己的民族，而每个民族也拥有了自己的国家。也正是在这一时期，伟大的德国社会学家马克斯·韦伯（Max Weber）提出了他的国家定义：

> 在一个明确的地理区域内，如果一个统治组织（ruling organization）的存在及其秩序的有效性不断通过行政人员使用或威胁使用"武力强制"（physical coercion）的手段而得到维护和保证，那么，这个统治组织便可被称为"政治组织"（political organization）。如果政治组织的行政人员在维护秩序时成功地实现了对合法的武力强制的垄断，那么一个持续运转的、基于强制之上的政治组织可被称为"国家"。①

如果我们再加上民族归属感所带来的文化同一性，那么，我们就会再现19世纪后期的权力激烈竞争的世界。这种冲突导致了帝国主义之间的全面战争。然而，仅就我们的研究目的而言，我们关注的是韦伯的国家概念的弱点。我们将表明，早期的欧洲国家拥有不同的特征，当今世界上的国家根本不像韦伯所说的那个样子，仅有一个例外。

那么，到底国家什么是呢？在我们看来，如果用最原初和非历史的语言，国家就是制度的集合，这些制度的目的是在特定领土内维持秩序并保护民众免受其他国家威胁。但是在现代世界，

① Weber（1980），p. 29. 这段译文转引自 Scheidel（2013），p. 5。

民族国家同样试图为其边界内的民众灌输一种归属感和凝聚力。一般而言，国家的制度包括决策机构（比如委员会、参议院、众议院、法庭）、国防和安全机构（比如陆军、海军、民兵组织、国民卫队）以及一系列法律和执行机制（比如警察、元老院、司法体系）——所有这些机构都一定程度上处于统治精英及其官员的控制之中。国家或许是具有建设性的和仁慈的，也有可能是具有掠夺性的和专制的。一些国家在维持秩序方面要优于其他国家。当然，国家的制度构成可能会发生很大的变化。我们自觉地不从抽象意义上谈论国家制度，而是讨论制度在不同的国家的具体集合形式，因为不同类型国家之间的互动是人类历史至关重要的推动力。

我们将表明一些国家要强于其他国家——这种区别对于不同国家及其社会的运转均会产生影响。所谓"强大"和"弱小"是指不同国家的两大特征。特征之一就是国家有能力渗透到公民社会中并产生重大影响。尤为重要的国家能力包括：通过税收获取资源；维持社会内部的和平并保持控制；促进经济发展。我们这里关注的是基础性权力（infrastructural power），即"国家向公民社会渗透的实际能力，以及在公民社会中合理推行政治决定的能力"[1]。基础性权力与专制性权力（despotic power）形成了鲜明的对比，后者指的是无需与公民社会中的群体进行任何形式的制度化协商，国家便有能力采取行动。所谓强国家就是指基础性权力充分的国家，而弱国家则是基础性权力较为欠缺的国家。在

---

[1] Mann（1984），pp. 113 – 114.

这里，我们并不是要在两种理想类型的国家之间进行一种完全两分法的区分，相反，国家能力的强弱是存在一个谱系的，在这个谱系中的特定节点上可能存在着众多实际存在的国家。[①] 但是，国家强弱的另一关键特征就是民众中是否存在共同的民族感情（national sentiment）。总之，强国家得益于其充分的国家能力和共有的民族感情，而弱国家则饱受国家能力的欠缺以及共同民族感情缺乏的困扰。

展　望

在第二章中，我们将回顾过去，以便通过纯粹的对比来理解当今时代。在我们看来，如果国家如此重要，那么，我们就必须了解国家的由来以及它们是如何演变成为现在的形式的。现代民族国家的历史并不很长。我们将分析原先的国家与现代的国家之间的不同。原先的国家——尤其是 19 世纪末、20 世纪初的大国——无一例外地认为它们需要广袤的领土：军事力量源于人口规模和经济实力，而要确保这些，就必须保证对原材料和市场的控制。从这个意义上讲，规模的重要性不言而喻。大国对于领土的依赖导致桑巴特（Werner Sombart）所说的"英雄政治"（heroic politics）而非"贸易政治"（trading politics），即导致帝国主义国家之间的冲突并非商业冲突。与控制更大领土相伴随的民族问题进一步加深了冲突的攸关性。然而，时至今日，规

---

① 对于这个术语的进一步的讨论，见 Weiss（1998），pp. 28 - 30。

模与"英雄政治"的重要性都大大下降了。这部分归功于战后的安排，在各种安全条约的基础上，使不干涉原则制度化。同时，这也与我们今天所说的全球化的各个方面密不可分，比如国际贸易、资本流动以及移民的显著增长等问题。

第二章分析了现代世界政治经济的特征以及在当今世界中，国家所必须面临的挑战。在第一章中，我们提供了一幅国家历史演化全景。与之相比，第二章更紧密地聚焦于现今国家所面临的各种新状况——当然，现今国家在特定方面也保留了从过去而来的连续性。两位作者之间的分歧在第二章中第一次出现。

接下来，我们便将目光投向现代世界中的各类国家。它们是基于一种新的概念语言之上（conceptual language）。大约 40 年前，现代世界政治领域提出了有关"三个世界"的巧妙说法，就是所谓的"三个世界"，即西方、国家社会主义以及所谓的第三世界①，后者寻求发展以赶上西方。当今的世界已经与当时不同。现在的分野似乎更多地发生在南方国家（global south）与北方国家（global north）之间——这其中，美国居于十分特殊的位置，这是因为它同时对南方国家和北方国家拥有影响力。

第三章和第四章讨论的是南方国家的发展问题。第三章关注这类国家，它们常常被认为是现有世界政治秩序的挑战者。其中，最为人所知的集团就是所谓的金砖国家（BRIC）②，即巴西、俄罗斯、印度和中国。在使用 BRIC 这个简写时，我们感到了一

---

① Worsley（1984）.

② 南非于 2010 年加入金砖国家。但是，由于最初的四个成员国仍旧继续得到了大部分关注，因此，我们在这里使用了 BRIC 的简写。

丝不安，因为俄罗斯与其他三国不大相同，这不只是因为它是一个处于困难期的大国而不是一个崛起的大国。在我们看来，这些国家并不像很多人所说的那样，对先进资本主义国家构成了严峻挑战。它们想融入而非破坏。

第四章分析的是另一种完全不同类型的国家，即南方的弱国家。在这类国家中，某些国家是如此之弱以至于它们无力维持其疆域内的秩序。它们中的很多国家都发生了种族冲突，导致大规模流血事件（在某些国家中甚至发生了种族屠杀）以及难民潮。上述情形同样阻碍了经济发展，进而证明了我们以下观点，即国家能够维持秩序、保护边界并增强民族凝聚力（national solidarity），这些对于良性社会的出现都是必要的。先前，这样的弱国家估计早就被消灭了。但是，国外的资金援助，以及对非干预原则的普遍遵守使得这些国家能够暂时为继。最近存在一种倾向，将这类南方国家称为"失效国家"，但是在这里，我们不会使用这个称谓。"失效国家"这个称谓尽管很容易理解，但是它太过于以自我为中心（self-centered），这个概念基于这样一种担忧，即过分弱的国家或许会给其他国家带来麻烦，尤其有可能会成为国际恐怖主义的避风港。当然，弱国家为其民众所做的事情寥寥可数。但是，说这些国家是"失效的"，似乎会带来一种误解，即这些实体原本是能够成功的。事实上，这样的空壳国家很少有成功的机会。更为重要的是，尽管它们面临着内在的虚弱性，但是它们却极有可能继续与我们并存于世。当然，一些国家已经完全失效了，崩溃后成为一片废墟。勃艮第去哪里了？纳粹国家或苏联又在哪里呢？但是，很少有弱国家会如此溃败并消失，大多数还是处于一种奇怪的、永久性的半死不活的（half-life）过度状态。即便是索马里——这个经常被认为是典型的"失效国家"——依旧存在。这个事实激励我们超越那种两分法倾向，将目光投向那些数量更多的国家，包括印度尼西亚、土耳其、智利和墨西哥——这些国家不会带来挑战，但是它们的权力正在缓慢地增长——也就是说，它们是在当今环境中艰难前行的国家。

第五章将目光转向了北方那些相互依存的国家。这类国家存在很大的差异，它们的组织方式以及应对全球化挑战的方式都不尽相同。我们基本上看不到它们在这些方面趋同的迹象。但是，我们也提出了另外一个普遍性的观点：北方国家与崛起大国之间的平衡还没有发生任何根本性的变化。换言之，欧洲、北美和日本仍旧占据国际政治经济的高地，在可预见的未来，这种状况很有可能持续下去。它们将继续享有充分的制度能力和其他能力，这就使它们很有可能（尽管不是必然）成功地应对全球性挑战。这些国家的能力还得到了其强大的民族凝聚力的强化，因而，在北方国家，民族主义倾向是一股建设性力量，而在南方国家，却常常带来破坏性后果。当然，我们的这种观点可能得不到一些人的认可，在他们看来，崛起的大国，尤其是中国，将很快从经济上（如果不是从地缘政治或军事上）超越北方国家。

第六章的分析对象是美国，这个拥有世界历史上最为强大力量的国家。在先前的各章中我们已经谈到，美国对于其他北方国家以及其挑战者拥有强大的国际影响力。因此，我们关注的主要问题就是为何这种状况能够持续，假如事实并非如此，世界将会怎样。当今，美国霸权的未来是一个热议的话题。本书的两位作者在这个问题上分歧最为突出。一些人猜测认为，美国霸权衰落将来自于外部挑战。与这种观点相比，我们两人均认为美国更为严峻的威胁来自于其内部。

　　总之，本书主要讨论的是国家在当今世界何等重要，这种重要性在未来又将如何发展。本书也讨论了领土规模对于国家和社会的生存繁荣的重要性日渐下降，探讨了国家的制度能力对于应对现今挑战（不仅仅是全球化）已经变得更为关键。除此之外，本书还探讨了民族主义既能成为国家力量的重要源泉，但同时也可能成为国家虚弱性的肇源。最后，本书还将讨论领导国家（leading states）之间权力平衡的变化。

第一章　往　昔

20 世纪之前，国家的目标主要是防守边境并维护境内安全。领土疆域被看作获得臣民、物质资料和市场的关键因素。国家间争夺领土疆域，引发了国家间竞争。在 19 世纪，大众开始以工人身份和民族身份进入政治。这就意味着，国家同样开始关注归属问题（the issue of belonging）。这些因素最终导致两次恐怖的世界大战爆发。幸运的是，战后边界问题的解决，在一定程度上划定了国家边界，确定了归属问题，并通过各种方式和手段维持秩序。本章将就此问题展开论述。

基　准

从否定和负面开始分析十分重要。人类学家和历史学家的研究已经表明，人们在可能的情况下，往往企图逃避国家强制力。这并非是一个有关那些不受国家控制、能够掌控自己生活的狩猎人和觅食者的简单问题，也并非是有关群体或酋邦的问题，从其特性而言，这都不能准确地称之为国家。游牧民族逃避国家的能力更引人深思。当税务员夜晚来到大阿特拉斯山（High Atlas）

的柏柏尔人（Berbers）的营地时，很可能发现没有可以缴纳赋税的人。这并不是说无国家社会缺乏政治秩序。恰恰相反，裂变原则（segmentary principle）——它使得一个部族的特定代际与另一部族的相似代际相互竞争——似乎能够通过复杂的平衡机制带来稳定。① 然而，根据上述理由却引发出一个关键问题：如果国家产生并非自然，为何却要产生？

最好的回答涉及限界和约束问题，主要是由于被灌溉农田和橄榄种植所牵制和束缚，如同困在笼中，结果导致逃离国家变得异常困难。那些无法流离转徙之人便成为国家建构中的素材。② 国家就是以这种方式在一些特定时机被创造出来，每一个国家都基于河谷建立。与有限的几个早期国家组织形成的方式不同，大多数国家都是通过模仿而建立。国家有集中权力的能力，由此取得统治他人的能力。国家一旦拥有了力量，人们想要抵抗征服的唯一出路就是自己获得权力。结论显而易见：国家建构是一个在权力方面的进化性飞跃，是一个有进无退的跨步。

历史主要记载的农耕时代有两种基本的国家形式。③ 第一种是城邦（city-state）。这种类型的国家从权力真空发展而来，因而获一定程度的自治。比如，文艺复兴时期，意大利北部的城邦以及西非出现的城邦。④ 城邦有特别精细和密集的社会关系，部

---

① Gellner（1969）.

② 有理论注意到，敬畏的重要性以及祭祀神殿庙宇神灵的需要是最早的美索不达米亚国家形成的关键。

③ Trigger（2003）.

④ Burke（1986）.

分原因在于较高的军事参与度。反过来，至少有时会与民主的概念相联系，正如在古希腊。另外，城邦往往存在于一个较大的联邦中，古希腊同样是这方面的典型代表。但是，当第一个城邦成为帝国，常常能够协调足够多的资源，进而吞没了城邦国家的体系——正如马其顿逐渐主导了古希腊的城邦国家体系。[①]

第二个基本的国家形式首先应对其定义。帝国正如一个无边框的自行车轮：一个单一的中心控制着众多不同的社会，而后者却失去了彼此沟通联系的渠道。[②] 我们需要立刻注意到，这种定义太过于宽泛以至于可能会产生错误。主要问题在于，该定义无法区分农业帝国和工业社会。后者当然具有更大的权力和威力，尽管我们也会看到，有些人会支持这样的观点，即帝国的权力往往会被夸大，因为帝国的统治经常是直接而非间接的，即使是在近现代。但是，在工业化之前，其管控界限是毫无疑问的。

正在讨论的政治问题似乎对现代人而言十分奇特。首先，上层集团在语言、宗教和身份认同方面各异的群体间开会讨论。[③]而这些群体是彼此横向隔绝的。相比之下，上层集团却有自己的横向的、跨越空间的身份认知，能够赋予上层集团权力，而该权力却是通过战胜那些处在底层群体而来。这种社会构成并非我们所理解的"社会"。国家的能力有限，只能用严厉而专横的刑罚来弥补无法提供合法规范正义的无能。国家仅仅是"压顶石"，

---

① 但是，有时候帝国的解体会导致城邦国家的重新出现，这就使得这种对比仅仅具有象征意义。

② Motyl（2001）.

③ Gellner（1983）.

无法深入其领土；国家是一个羸弱的庞然大物，不具有基础结构及影响力，以至于只能减少其专制的各种诉求，其中最重要的是通过有限的能力来榨取税收。[1]另外一种陈述方式就是，注意到这种政治活动的融合地带：外部的界限取决于军事实力，而内部界限依靠真正的市场交换，两部分都存在各种形式的税收，这种场景与我们这个时代完全不同。[2] 在此情况下，有关正义和福利的各种日常需要往往是通过自主组织提供的。最好的情形是，通过地方和中央权力的各种混合交叉而确保和平；最糟糕的情况就是出现了一种权力僵局，而社会的力量却十分有限，因此，国家有可能屈从于一个较小的挑战，正如发生在罗马以及多次发生在中国的那样，即相对弱小的游牧民族征服了较大的帝国。

古代国家形式之所以对我们现代人而言陌生而奇怪的另一个原因在于，许多作家研读过去我们对于民族国家的概念，民族国家中的人们对于他们生活的国家，具有推定的或真实的发言权或影响力。但是，认为过去存在一种普遍的归属感始终是十分错误的：国家并不能从这种统一性中受益，而且他们缺少足够的力量创造这种统一性。这种归属感的产生需要很长的时间，即使是在世界上高度文明的一些地方也是如此。[3]

同样的重要的是，不要认为所有的国家都一味追求增加财政税负的比例，在那些假定国家普遍具有掠夺性的社会科学领域中，此观点十分流行。实际上，至少我们可以举出一个反例。在

---

[1] Mann（1986）.

[2] Lattimore（1962）.

[3] Anderson（1983）.

古代中国，统治者实施较低赋税，臣民们并不感到负担过重，因此能够保持安宁和平。

　　过去的政治与我们今天政治的最后一个也是最明显的一个差别就是高压政治的垄断。马克斯·韦伯有关国家的定义表明，19世纪末和 20 世纪初，国家致力于提高权威。但是，即使如此，国家也并不具有完全垄断的强制力。许多官员群体拥有相当程度的自治权。缺少唯一的、合法的强制力，这的确存在于大量的历史记录中。有时候，的确存在野心勃勃地希望能够获得这种权威国家，在早期近代欧洲，这些国家十分厌恶"实力强大的臣民"的行为。但是，我们应当意识到，在那个时代，许多国家领导人都没有这样的概念，即，强制力垄断是可以实现的，因此，他们并没有努力争取。他们反而宁愿与其他掌权人物寻求折中和妥协，实现分而治之，保持平衡，据此而能够获得相当程度的自治权。

　　在古代政治中，这种类型的统治方式的负面特点，即牺牲效率而关切平衡和稳定，这源于其无能力从社会上获取大量资源。在农耕条件下，最大剩余永远不可能超过总产量的45%。① 罗马帝国，在水路交通提供的便利条件下，其国力相当强大，能够控制帝国总产量的6%，主要用于法庭和军团，而更多的资源掌控在罗马和其行省的贵族手中。10% 到 20% 的总产量在整个帝国内流动。对后来的帝国进行比较历史分析得出一个惊人发现，即所有帝国都关注权力的施为因素（performative aspects）。各种象

————————

① Bang（2008）.

征和礼仪都极其重要，这恰恰是因为缺少规范化的官僚体制。关注施为绩效恰恰是因为太难实现上层集团团结。① 第二个值得关注的点是，市场的自治十分有限。市场虽然存在，但常常只是为了满足国家的需要或者少数人对奢侈品的需要。市场缺乏自主权，是因为市场只用于服务政体。很多时候会出现政治干扰市场的情况。最著名的例子是中国朝廷突然限制前往东印度群岛的海上航行。

随着时间的推移，地方统治精英以牺牲中心为代价增强了自身实力，朝贡国逐渐走向封建主义。更常见的是一种循环过程占据人类历史主要进程，在"天命说"以及伊本·赫勒敦（Ibn Khaldun）对伊斯兰政治的精彩叙述中，都体现出中心衰败之后往往是混沌和无序，而反过来，又导致大一统的中央集权化。卡尔·马克思曾强调，印度的历史是无变化的，社会之上的"政治天空阴云密布"，"在时间的利齿之中蔓延生长"，恰当而概括地表现出当时的情况。

_____

① 这里存在着很大的多样性。Gellner（1983）提出了四种比对，即集权的与非集权的、完全的与阉割的、开放的与封闭的，以及扩散性的与非扩散性的。每种比对都有一个案例予以说明：与教皇制相对的是伊斯兰教的乌力马，封建骑士与罗马和中国的太监相对，中国的科举制与印度婆罗门的世袭制相对，向东方扩张的欧洲军事秩序与种姓制度中的分工极为不同。这些都是极为显著的对比，但是，其总体状况却可能通过多种方式而得到增强。一方面，我们不应忘记与征服相伴随的紧张关系。例如，亚历山大试图将波斯的精英们纳入其麾下，但是，此举却激怒了他的希腊同胞，后者担心失去自身的特权以及担心自己因人数上的劣势而居于屈从地位。另一方面，普遍主义（universalism）的意识形态自身可能会发生很大的变化。最为常见的结果是某种混合状态而非将特定中心的文化强加给他者。因此，亚历山大寻求通过通婚将波斯人和希腊人融合在一起。

现代史学帮助我们认识到，这些伟大的文明，在文明内部实现朝代更迭，无疑是成功的。大约 1800 年左右，他们的生产力和创造力超过了欧洲人。上述逻辑与美国社会学家塔尔科特·帕森斯（Talcott Parsons）当年因保守主义而被嘲笑如出一辙。但是，大部分社会都努力坚守自己，正如个人一样而不喜欢改变。伟大的农耕文明依靠基本秩序以及经济繁荣，努力创造出高度成熟和精致的文化。许多社会穷年累世的存在便不足为奇了，而我们对其巨大成就誉不绝口。

欧洲的活力

有关欧洲的一个基本点是，欧洲缺少类似连贯的文明框架：权力被不断转手，普遍存在的动荡导致了不同政体之间无休止的争斗。对此进行解释的关键在于意识形态和政权的分离。使用法国社会学家埃米尔·涂尔干（Émile Durkheim）的话说，一个"正常"的社会秩序就是努力集中权力资源，以至于上层建筑能够与社会组织的基准线保持一致。① 一个典型的例子就是中国的官僚阶层，通过提出一种信条来支撑权力，抵抗任何其他社会形式的幻想，即使是在帝国分裂时期。基督教会却迥然不同。耶稣在精神之力和世俗之力之间划出界限，而这又被奥古斯丁（St. Augustine）的《上帝之城》所强化，作者谨记帝国的迫害，在书中坚持认为，上帝的时间表和罗马的时间并非一致。因此，

---

① Hall（1985）.

教堂给国王们而非帝国提供神圣的统治方式和礼仪，借此推动了欧洲向多极方向发展，国家之间被迫彼此竞争。

简单的统计数据便反映出上述结论：从 1494 年至 1975 年，欧洲国家将近 75% 的时间陷入战争缠斗，从 1816 年到 20 世纪 50 年代的战争中，有 80% 是起源于欧洲。相比之下，东亚从 16 世纪 90 年代到 1894 年持续了大约三百年的和平，而最终被蛮夷入侵和五次规模不大的两国之战所打破。[①] 我们还可以加上这样一个事实——它得到多方消息来源的确认——即，随着时间的推移，财政提取和军事参与比例都得到了大幅提升，尤其是在 20 世纪的征兵战之中更是如此。无休无止的相互影响和相互作用不仅存在于国家之间，也同样存在于这些国家和它们自己的社会之间，在一个充满威胁的世界中得以生存，之后便是你追我赶。

但是有关欧洲历史的解析的观点却认为，欧洲是失败的，因为它没能创造一个能够提供规则和秩序的世界。但是，改变往往都来自于失势和失败。欧洲改变了世界，之所以如此，从比较观点来看，正是因为它的幼稚而不成熟的地位。

单一中心以及存在感的缺失——而非多元化的、相互竞争的理念和制度——常常使得某种模仿成为必然。这里或许包含了某些普遍性的东西。亚当·斯密（Adam Smith）和法国社会学家布迪厄（Pierre Bourdieu）对"时尚社会学"都有着深刻的理解。"时尚社会学"很大程度上塑造了那些在创新前沿的人的地位。在国家事务上，这种愿望也同样体现在伏尔泰和孟德斯鸠身上，

---

① Mann（2013）.

他们希望搞清楚 18 世纪英国人成功的根源，以及在美国，20 世纪 80 年代研究者们试图了解日本经济创新的根源。

复制并非总是一个选择问题而常常是一个存亡的问题。现实主义的中心观点，以及修昔底德（Thucydides）、马基雅维利（Machiavelli）、霍布斯、卢梭（Rousseau）和雷蒙·阿隆（Raymond Aron）的理论贡献，与达尔文的理论的相似之处在于：在缺少利维坦国家的世界里，各个国家面临"安全困境"，需要自我革新以求生存。必要性是创造革新之母。那个时代所存在的功能主义也掩盖了一个明显的事实，即许多国家没能适时改变，最终被大国吞并。胜利之国创造了更为强大的国家。官僚制度的发展保证了财税征收的进行。

但是，同样重要的是多极竞争所带来的重大社会变革。首先，拿破仑在耶拿战役中的大胜使一些改革家很快意识到，他们自己的正规军无法与一个武装起来的国家相抗衡，无法与为自己国家而战斗的公民组成的军队相角逐。为了应对这种挑战，他们在不到十年的时间里就废除了封建主义——如果没有在战争中所经受的失败的话，这种回应速度就是不可想象的。德国的民族主义便植根于此。其次，这些国家开始意识到，他们不得不推动经济发展及工业进步，以实现军事力量和地缘政治自治（geopolitical autonomy）。第三，在面对多极地缘政治压力时，他们也意识到进步性的社会福利事业是必不可少的。在 20 世纪的前 30 年，"国家效率"运动极为深刻地影响了英国政治，而这一运动就肇始于布尔战争时期所招募士兵健康状况不良这一现实——考虑到大的战争之后通常伴随着福利待遇的扩展，我们可以将这一点予以通则化。同样，美国内战结束之后，退伍军人的抚恤金以及针对母亲的各种权益都大幅增加了。最后，如果不考虑军人参战问题，就无法理解民主的范围问题，包括其各种形式，从《退伍军人权利法案》到妇女选举权。正如托洛茨基（Trotsky）的观点所言，战争是历史的火车头，尽管这个观点是与作者对马克思主义的信奉联系在一起。

多极竞争会带来两个十分重要的推论。第一个推论可以用十分直截了当的方式提出，即多个国家共存意味着资本主义获得了自由发展的机会。资本主义的胜利很大程度上要归功于欧洲的现实条件。上文提到的一个案例便可说明这一点。中国人在 15 世纪的探险被中央政府强令禁止了，这或许是因为中央政府不得不集中资源以应对来自北方游牧民族的威胁。而相似的行为就不可能在欧洲发生——比如，当维也纳面临土耳其人威胁的时候。相反，在哥伦布寻求欧洲国家支持时，他的一大能力就是能够在不同欧洲国家中间进行选择——在获得西班牙的资助之前，他已经与其他几个欧洲国家进行了接触。我们可以对这个过程进行简单的总结归纳：国家不仅仅要在国家竞争的大环境下求得生存，还要在资本主义社会的大海之中求得生存，这其间的复杂性正是本书所关注的重点内容。国际国家（international state）与国际经济互动之间可能存在关联，尤其是当一个真正的强国能够影响世界经济的架构之时。

这直接引出第二个推论。其观点的核心就是，"杀鸡取卵"是十分危险的。第二个推论在史料记载中有不同的影响，或许很难掌握。因为国家的活力依赖金钱，一定程度的谦逊行为被较为开明的国家看做是理性。早期的例子就是 1303 年的"商人宪章"（Carta Mercatoria）：爱德华一世国王承诺给予前往其国境内经商之人公平待遇及较低赋税。许多人后来指出，法国需要从 1685 年驱逐胡格诺教徒（Huguenots）事件中吸取教训：胡格诺教徒向周边国家移民，他们的才华和技能造福了荷兰和英格兰。这种多变性与经济史的不同阶段密切相关。在近代早期，迁徙的能力至关重要，之后的章节我们将讨论资本和人力的流动能力在当代的重大意义。但是，19 世纪末和 20 世纪初的模仿式的后发工业化却有些微不同：至少在一段时间内，强制力能够起到推动经济发展的作用。但是，总的态势是很清楚的，即它与前工业化时代的帝国有着明显不同。在帝国时代，商人们无足轻重，他们常常面临着（财富）被随意没收的危险。然而，正如亚当·斯密指出的那样，为了获得权力，欧洲的国王们最终与商人结成了同盟，这推动了一个新世界的确立——这起初是一个商业世界并最终发展成为一个工业世界。

在这里，有必要说几句谨慎的话。一方面，迈向更为单一和发达形式的国家的动力并没有强大到排除其他选项的地步。相互依存的城市国家仍旧持续了很长时间，汉萨（Hansa）同盟也是如此，它是一个曾主导波罗的海地区的城市国家联盟。此外，海盗和雇佣军延续其权力的时间要远远超出我们的想象。更为重要的是，在近代早期构建的国家世界中出现了一个裂痕。一方面，英格兰和法国出现了类似于"发展的有机特质"的东西（organic quality to development）。官僚体系的成长、集权程度的提升以及围绕公民权的斗争带来了选举权改革（franchise reform），后者最初带来了一个民族国家（national state），随着时间的推移，它为现代民族国家的出现奠定了基础。在这个世界中，作为基础性制度和专制性制度结合体的国家形成于民族觉醒之前，进而为语言同质化的自然过程提供了时间——中央国家得以逐步统和不同的族群和语言群体。另一方面，并非所有的欧洲国家都与这个模式类似，同时，正如我们行将看到的那样，英国的经历也并非与这个模式完全吻合。那些大帝国——奥斯曼、沙俄和哈布斯堡——的兴起要归功于征服和联姻等混合因素。这些社会构成（social formations）是那些拥有或赢得"自由"的关键省份的构成部分，而宗主国不得不尊重这些省份的"自由"。弗朗茨·约瑟夫（Franz Joseph）是奥地利的恺撒，同时也是匈牙利的国王，他的领地有不少于 15 种官方认可的语言。这种类型的国家对抗现代世界，它们缺乏西欧和北欧那种稳步的有机发展（organic development）。教育体系为各个民族带来了韧性，这也就意味着国家构建必然是困难的。简言之，在国家构建任务完成之前，这些地方的民族就已经被唤醒。那么，在这种情况下，民族国家的理念将会有怎样的内容？是不是围绕分离和收复失地的政治将使得多民族政治体不可能生存下来？我们下面将对这些问题进行直接分析。

欧洲的伯罗奔尼撒战争

考虑到我们在前面谈到的那些因素，一位美国历史学家约翰·奈夫（John Nef）曾指出，在战争和人类进步之间存在着联系。[①] 毫

---

① Nef（1963）.

无疑问，在那些能够占据权力领先位置的社会和国家中，社会和国家不断的理性化（亦即制度发展）带来了经济和政治变迁，至少其中的一些变化是全面进步的。制度发展持续进行，例如，官僚体系的扩张以及财政汲取能力的提高，后者可被用于购买武器，进而提高了杀伤力。但是，随着条件的变化，原先的有利因素反而可能导致灾难。在现代条件下，欧洲的变化无疑证明具有完全的破坏性，其中重要的一点就是人民登上了政治舞台。

人民以两种面目出现，一是作为工人，一是作为民族。用萨特（Jean-Paul Sartre）的话说，这两者都没有实质内容；相反，它们有着十分不同的存在性。社会理论——这个有用的标签——指出了一些简单的事实。工人们能够且已经被整合到现代社会中了，他们是国家的成员而非反对国家存在的力量。这一点同样适用于民族。有两个进程将民族和国家整合在了一起。第一个过程与英格兰和法国的发展相关，即通过一个缓慢的过程，不同的民族结束了某种单一的核心文化。进而，每个国家都有自己的民族，每个民族都得到了自己国家的保护。但是，这种民族与国家一对一的状况并不是民族与国家相整合的唯一途径。瑞士和印度的例子表明，多民族的民族国家能够存在（并且确实也存在）。各种类型的权利——无论是联邦和邦联安排下的权利还是文化权利——均能为民族提供充分的表达渠道，这使得它们能对自己居于其中的政治安排产生忠诚。

如前所述，假若整合是可能的话，排斥的可能性也同样存在，这会导致阶级和民族的政治化，也有可能导致可怕的后果。当国家排斥参与——例如，不允许成立工会或是拒绝赋予文化权利——阶级和民族就有可能各自"揭竿而起",与国家展开较量。在这种情形下,社会中的冲突会被激化而不是得到缓解。正如我们前面提到的那样,允许表达且接受妥协是最好的统治方式,因为包容可以消除激进主义的危害。尽管德国著名的社会学家马克斯·韦伯意识到了宽容原则在德国的重要性,但是,20世纪欧洲各国政府并不接受这一点。反社会主义的法律造就了一个政治上觉醒的阶级,尽管这完全没有必要——在英国,自由主义已经将工人阶级驯化了。但是,我们不应当将韦伯的理解或英国的经历"理想化"。在民族问题上,韦伯以及英国政府中的激进分子都缺乏想象力。二者均不愿放弃国家权力的任何选项,比如减弱国家的单一性或是允许减小国家的规模。这里还存在一个关联问题:激进的权利精英(radical right elites)对社会主义忧心忡忡,因而倾向于打民族牌作为应对。

在这些重大决定的背后,则是这样一种信念,即国家规模对于权力而言是必要的。奥斯曼帝国的命运为欧洲大国带来了恐慌:随着民族关系的断裂,国家的弱点便一览无余。大国们同样关注着俄罗斯和美国,这使得它们有更多的理由感到不安全。在俄罗斯和美国这样的国家中,权力基于安全的供应链条和市场之上。似乎只有这样才有可能带来地缘政治上的自主性——在地缘政治关系日益紧张的时期,这一点被认为极为必要。

在这里,我们就会遇到 19 世纪末的一个关键两难:如果要在当时的条件下维持(国家的)规模——正如要保持国家的权力就必须维持其规模一样,那么,同样必要的就是要应对民族问题。[1]

---

[1] Lieven (1999).

进而，那些大帝国试图将各自的君主国转变为民族国家。同质性能为国家带来凝聚力和权力，更不用说国民军队（citizen armies）拥有巨大的战斗精神——正如日本人在 1905 年日俄战争中所表现出来的那样。不仅如此，同质性之所以是必需的，其另一原因就在于居于少数地位的民族或许以境外的民族为其本源，在战争时，这就使得他们有可能成为"第五纵队"。因此，国家的精英们便开始选择影响境内的民族。这里存在一个模糊性。有时候，似乎是国家的行动带来了先前并不存在的民族运动。但是，我们并不试图否定这样的情形，这样的民族运动或许先前已经存在了，而"官方的民族主义"（official nationalisms）只不过是试图控制那些他们感到或许无法控制的东西。[①] 但是，无论是哪种情况，同质化的意愿赋予了民族主义运动特定的特征，将它们从某种文化现象转变为拥有政治行动能力的大众运动。这些问题十分清楚地体现在沙俄、奥匈和英国这三大帝国形成过程中。

尽管其他国家畏惧于沙皇俄国的庞大规模及其人口潜力，但是，沙俄还是在 19 世纪末感到了威胁。德国的军事实力和工业实力就已经让人心惊胆战的了，更何况它还和维也纳结成同盟——这是同一民族内部的结盟。在这种状况下，激进的国家民族主义者便寻求提升俄国的权力。这就涉及工业化和民族问题。在沙俄帝国中，俄罗斯族毕竟不占据多数。但是，如果乌克兰人也能够成为俄罗斯人的话，情况就不一样了。这就意味着要防止乌克兰人产生自我认同，这样一来，俄国便至少有可能拥有一个

① Anderson（1983），第六章。

民族国家的内核。俄国的政策以严酷著称，这同时导致了特定的非本意后果。一国的行为有可能意外地改变先前存在的民族感情，在这方面，芬兰人就是个典型的例子。19 世纪末之前，芬兰人一直满足于生活在沙俄帝国之下。他们大体上被允许自行其是，这要归功于芬兰作为沙俄的一个公国的地位以及它享有的相应权利。但是，沙俄的激进化政策（尤其是当它们影响到语言时）导致芬兰萌生了政治化的民族主义运动，芬兰从 20 世纪初开始提出了独立的要求。

奥匈帝国的状况既与沙俄相似，但又有所不同。由于被德国所败，奥匈帝国不得不赋予马扎尔人（Magyars）以自治。马扎尔人在其土地上并不占多数，于是便针对斯洛伐克人推行十分严厉的同化政策——该政策在 1914 年前夕几乎就要取得成功。奥匈帝国的奥地利部分（即内莱塔尼亚）的状况却十分不同。首先，在内莱塔尼亚，德语似乎是通用语言，其他族群的人应该愿意接受德语。当这并未成为现实时（捷克人开始产生了政治自觉意识），德语社群同时也产生了族群意识。但是，德语族群在内莱塔尼亚并不占多数，更不要说在整个奥匈帝国内部了。在这种状况下，奥匈帝国十分缓慢地迈向了一种包容体系（system of accommodation）。用内莱塔尼亚时任首相塔菲（Count Taaffe）的话说，这是一种"可以忍受的不满意"的状态，它更像是不同民族混居在一起的幼儿园而非牢狱。我们不应当忘记的是，在整个 19 世纪，捷克民族运动的领导人从未寻求过真正的独立——像帕拉茨基（Palacky）这样的领导人均强烈反对捷克独立，他们害怕捷克因此而成为面临德国和俄罗斯蹂躏的小国。《摩拉维亚协定》（Moravian Compromise）看起来能够通过赋予文化权利的方式获得忠诚（类似的安排计划被用于捷克人）。但是，这里仍旧存在一个很大的困难。奥匈帝国确实需要一段和平时光以巩固这些改革，而所有这些改革都会削弱中央政府的权力。但是，哈布斯堡王朝还想继续参与权力政治的游戏。它为荣誉所主导，这使得任何考虑缩小帝国规模的想法不仅是危险的，而且充满了道德羞辱感。因此，哈布斯堡王朝忍受着政治上的精神分裂症，它一方面不得不采取包容的政策，但另一方面又无法割舍同化政策的诱惑，后者将提升它在地缘政治上的地位。

乍一看来，英国似乎在国家实力的各个方面与奥斯曼帝国截然不同。英国统治着世界上很多地方，它的财政收支平衡，有能力供养其军队（这要感谢印度做出的贡献），同时，它至少享有一些霸权权力（尤其是在控制海洋航线方面）。后来，在两次世界大战期间，英国能够动员其人口资源并最终获得了战争的胜利。然而，英国的精英们感受到了某些结构性的威胁。英国归根结底只是一个小岛国，但它却占有如此之大的土地，这无疑是咄咄怪事。在 18 世纪末和 19 世纪初的帝国主义竞争中，英国击败了法国，这使得英国得到扩张并建立起自己的帝国，而英帝国的维系就是基于英国的欧洲竞争者的疲惫不堪与均势之上。但是，在其统治的大部分地方，英国的统治仅仅停留在表面。尤其是现在看来，英国统治的弱点恰恰源自于其最伟大的成功之一，即自由贸易。英国人不得不从国外进口食品，这就使得它必须确保海军的绝对优势地位。正是这一点使得德国的挑战是如此令人恐惧——德国的挑战更多的在于其打击英国海军的能力，而不是源自于它对殖民地的争夺。对于英国而言，德国在这方面的挑战要比德国迈向第二次工业革命所带来的挑战更令人担忧。

约翰·西利（John Seeley）曾给出一个经典的回应。很可能出现的情形是，并不是每个地方的人都能被囊括进大英帝国之中，比如非洲人，甚至印度人（尽管早期的印度民族主义者曾希望能为成为大英帝国的组成部分）。大英帝国潜藏着种族歧视的内核（至少在其最后落幕的阶段），因此，西利梦想建立一个基于澳大利亚、加拿大、南非和新西兰的白人定居者之上的大英帝国。在白人自治领中存在一定程度的共同认同。但是，至少有两个原因导致这些计划最终落空。第一，这些白人定居者既清高又独立，他们有着自己的需求，根本不愿意回应大英帝国的国防义务，同时又很容易被伦敦制定的外交政策激怒。在这样的大背景下，我们应当想一想爱尔兰。在19世纪末以后，各式各样的自治计划均在英国陷入僵局，无法取得进展。事实上，英国在1914年还面临着军队哗变的风险。当时，天主教徒占多数的爱尔兰岛不愿意将居于少数地位的新教徒纳入到自治计划中来，并强烈反对任何有可能破坏大英帝国统一的事情。[1] 第二，推崇帝国统一的理念背后，潜藏着关税改革的内核，即鼓吹要建立一个封闭的帝国内部的贸易集团。对这一点的抵制尤为强烈，因为这似乎会导致更高的食品价格。[2] 当帝国以含糊不清的面貌出现时，它或许能够受到欢迎。但是，当它要影响到人们的生活水平时，人们就

---

① Lieven（1999）.

② Trentmann（2008）.

对它热情不再。到了最后，成立一个联邦式帝国（federal empire）的计划无果而终，因为每一方对它都没有表现出十足的兴趣。

经过两次世界大战，解决这些问题就变得越来越紧迫。19世纪末，欧洲的土地全部分割完毕，在欧洲大陆上无法继续进行扩张。在这样的背景下，战争必然导致灾难。但是，地缘政治竞争的烈度以及大国承受的极端不安全都意味着，国家对于完全自主的向往是挥之不去的。相应地，大国感到自己必须要占有大量的土地。总的看来，当时的情形最好被描述为民族主义和帝国主义的结合。每个国家都寻求安全的供给源，并为其生产的产品寻求销路。考虑到1914年之前英帝国允许其他国家与其领地进行贸易，因而，国家的这种做法在当时似乎是愚蠢的。但是，这也有可能发生变化。当英国两党的政客们在谈论帝国内部联合的必要性时，欧陆的人们都看在眼里。现在，让我们探讨这一系列问题——帝国、国家规模、民族主义和权力——是如何在现实中发挥作用的。我们将提出两点。第一点是负面的，而第二点则是对两次世界大战的特征进行区分。

关于负面的这一点并不难理解。第一次世界大战并不是由于对海外领地的争夺而直接导致的。对于大国而言，最重要的问题是它们在欧洲本土的安全——尤其是，它们决心不让事态的发展再次失去控制（比如，不能允许欧洲革命与拿破仑时期的那种压迫感再次上演）。[①] 也正是在这种背景下，帝国主义国家之间的争端也变得相对更容易解决——尤其是19世纪80年代对于非洲

---

① Darwin（2007）.

的瓜分。毕竟，帝国主义国家的领地带来的回报寥寥（印度是个例外。如前所述，印度对于英国极为重要）。欧洲内部的均势是英国能够建立起一个庞大帝国的前提条件。同样，地缘政治因素也在很大程度上解释了英帝国为何能持续如此之久的时间：法国对英国的不满从来不可能驱使它与英国兵戎相见，因为法国担心德国日益增长的实力；而德国在很长时间里也不希望以削弱英国的方式来提升法国和俄国的实力，因为这也会危及德国自己的地位。此外，如前所述，英帝国对其竞争对手保持贸易开放。总之，在 1914 年之前，帝国主义争端（imperial disputes）总是被限制在特定范围之内——第一次世界大战并不是由这些争端所引起的。然而，德国无疑感到自己被忽视了。尽管威廉二世采取了积极的外交政策，德国却仅得到了少许的利益分割。

第二点与两次世界大战的差异联系在一起。尽管人们无法就"一战"的起源问题达成完全一致，但是，我们仍可做出一些相关的评论。有关第一次世界大战的爆发的起因，民族主义是一个确定无疑的因素。最直接的表现就是，第一次世界大战的第一枪是由塞尔维亚的民族主义者普林西普（Gavrilo Princip）打响的，而普林西普是一位寻求建立大塞尔维亚国家的狂热分子。从更普遍的意义上看，存在民族主义和帝国主义相结合的迹象——这种想法不仅存在于韦伯这样的学者身上，而且也可以从德国首相贝特曼-霍尔维格（Bethmann-Hollweg）的想法中找到踪迹。更为重要的问题是维也纳的感受。在德国的支持下，维也纳向塞尔维亚发出了措辞严厉的声明，要求监管塞尔维亚内部事务。部分原因是出于一种担心，即假如它无力控制自己的领土的话，那么，奥匈帝国有可能无法在一个强调规模和民族同一性的世界中维持生存。换言之，南斯拉夫人的分离意味着奥匈帝国的实力会被削弱，与奥斯曼帝国的经历如出一辙。

　　然而，第一次世界大战同时也具有多极体系中一般国家间冲突的特征。[①] 首先是体系的异质性，不同的价值体系使相互理解变得困难。这恰恰就是 1914 年的情形，当时已不是俾斯麦（Bismarck）和索尔兹伯里（Lord Salisbury）主持各自国家外交政策的时代。第二则涉及相关国家的特征问题，即国家是否拥有进行理性计算的制度能力——现实主义常常假定国家具有这样的能力。然而，当时国家的这种能力显然很欠缺。为了对付德国，英国成功地缩减了国家的规模。尽管如此，英国的国内政治却使得它无法向德国发出警告——比如通过与法国的公开结盟——这样或许能够避免冲突的爆发。由于匈牙利的自主性，哈布斯堡的问题处于无休止的困境之中。但是，关键的变量因素在于德国没有理性计算的能力。一方面，像韦伯这样的中产阶级民族主义者要求国家采取更为积极的政策。但是，关键的问题在于，德国的国家实际上是一个皇室，任何人决定的政策最后汇集到了皇帝那里。同时，德国的世界政策也缺乏优先顺序：究竟是应该主要对付英国还是实行针对俄罗斯的传统东方政策。[②] 1907 年 1 月 1 日，艾尔·克劳（Eyre Crowe）起草了一份著名的备忘录，即《不列颠与法德两国关系现状备忘录》（克劳备忘录，Memorandum on the

---

① Hall（1996）.

② Mann（1993），第 21 章。

Present State of British Relations with France and Germany）。其中，克劳指出，缺乏政策优先性解释了德国的行为以及德国任何貌似有意识的侵略计划：

或许可以指出的是，德国的政策实际上不过是某种模糊混乱和不切实际的政治手腕的一种表达，它甚至都意识不到自身的偏差之处。一位不那么苛刻的批评者或许可以补充说，德国现任统治者的思维能力和脾气（或好或坏）或许并不是导致专横、反复无常，以及（常常表现出来的）侵略性的原因，而这些现象体现在德国公共生活每一个方面……这种精神状况引起了国内外的不满和警惕，整个世界也越来越熟悉这种不满和警惕。事实上，德国并不清楚自己的真正目标何在，德国所有的出击、警告以及阴谋诡计，都不是致力于稳步形成一个设计良好且被严格执行的政策体系，因为它们并没有真正构成这种体系的组成部分。[1]

桑巴特（Werner Sombart）指出，德国面临的真正问题是要在地缘政治上的英雄主义（geopolitical heroism）与贸易之间进行选择，考虑到德国在 1913 年便成为欧洲最大的经济体（在没有帝国殖民地带来的好处的情况下），因此，后者才是更为理性的选择。然而，正如现实发展所显现出来的那样，英雄主义的思维方式胜出并最终导致了可怕的误算，即让潜水艇攻击美国的商船。如果没有这个事件的话，德国或许已经确立自己在欧洲大陆的霸权地位——考虑到俄国在 1917 年的崩溃。

以工业支撑战争并找出一些宏大的理由为征兵提供合法性

---

① Crowe（1928），p. 415.

（"一次战争将终结所有的战争""一场为了民主而进行的战争"
以及"英雄之地"的承诺），这一切都意味着冲突不断升级，使
战争拥有了野蛮的破坏力，从后来的情况看，战争已经不再是参
战各国理性的政策了。随着制度被摧毁，一切都发生了改变。战
争中的失败极大地削弱了沙俄帝国，于是，工人和农民们便推翻
了国家。如果这么说是突出阶级的影响的话，那么，民族因素同
样重要。沙俄帝国当然在新的安排下重新建立，这很大程度上是
以犹太人为背景的——相关的数据表明，（所谓的）民族解放意
味着他们被最终驱逐，进而将他们转变为左翼帝国的拯救者
（left-wing empire savers）。① 纳粹革命发生在这之后，但它同样肇
始于制度的崩溃与激进右翼民族主义者的兴起——这些民族主义
者对于德国所遭受的屈辱愤怒不已。

　　这就表明了关键一点，即只有当国家陷入混乱之中（尤其是
在战争中失败时），对于民族的囚固（caging）才变得不再可能。
不仅如此，随即兴起的民族主义运动具有了政治自觉性，这是由
于国家对待它们的方式所致。马萨里克（Masaryk）只是在很晚
的时候才坚定了要完全独立的意愿，这部分是针对新国王计划对
内莱塔尼亚（Cisleithenia）予以"德国化"所做出的反应。换言
之，如果不是因为地缘政治竞争的烈度的话，某些地方的民族问
题（首先是在内莱塔尼亚）有可能通过如下方式得到解决，即
几个民族共同生活在同一个但同时必须是更加自由主义的政治架
构之下。众所周知，中欧新生的民族国家十分脆弱，它们彼此之

---

① Riga（2012）.

间常常陷入冲突之中，并且每个国家都面临着自身的民族问题。

进而，中欧便成为一个权力的真空地带，而大国总是很有可能被卷入其中。所有这一切导致各国不可能在两次世界大战期间创建一个可持续性的地缘政治安排。同时，这些因素也推动了大萧条的发生，经济封闭政策背后的政治因素日益凸显。按照科德尔·赫尔（Cordell Hull）的说法，保护主义加剧了国际失序状况。与此同时，我们不忘记，保护主义本身恰恰是由于无力创立一个世界政治秩序而导致的。也正是在这样的背景下，民族主义和帝国主义的合流就变得日渐重要。日本就是这种趋向的代表。由于其国内石油资源缺乏，日本就感到"东南亚共荣圈"（Southeast Asia co-prosperity zone）对其生存是必不可少的。在德国，民族主义和帝国主义的合流背后还存在另一因素，即1918年的食品短缺，这是由于英国的封锁导致的。这无疑使得占有领土成为更有吸引力的选择。日本和德国均是侵略性的帝国主义国家，这就使得第二次世界大战的性质与第一次世界大战完全不同。"二战"是帝国主义国家间为扩张领土而进行的战争，而在1914年"一战"爆发时，每个国家都声称战争的目的是为了进行防御。但是，事情仍需进一步深究。德国所处情境的独特性就在于它对于"生存空间"（Lebensraum）的渴求，它追求在欧洲的扩张——并且，与欧洲传统经历不同，这种扩张并不致力于建立一种多民族的政治体。相反，德国的意图是要进行民族清洗，这样一来，雅利安人就可以定居在那些被征服的土地之上。最终，通过滥用民族主义，希特勒设想成立一个政治体，在这个政治体中，对其他种族的灭绝将为某单一种族的扩张提供条件。

复　原

　　两个核大国的崛起导致了国际民族国家体系的"冻结"（freezing），这正是战后初期稳定性的最根本来源。两个核大国都清楚，不受约束的战争已经变得完全非理性，这会导致全世界的毁灭。在"二战"行将结束之际，斯大林曾建议，战后世界将会见证正常的历史进程：每一方将在其控制的土地上建立起各自的体系。这一直言不讳的看法有很多值得推崇之处。双方对各自潜在的全球性军事能力的担忧导致了一种穷兵黩武的和平局面的出现，并表现为不断的军备竞赛以及众多代理人战争的出现。但是，这两个大国很快就成为了"作为敌人的伙伴"（enemy partners）。甚至从一开始，它们就痛斥欧洲的殖民主义（这一点令人印象深刻）。随着时间的推移，每一方均意识到另一方并不试图推翻现有的世界政治秩序。正如柏林墙和古巴导弹危机彰显的那样，紧张状态有可能发展到令人窒息的地步。但是，更为引人注目的是两极关系所显示出来的节制。它们各自的社会世界（social worlds）中无疑存在秩序。

　　苏联阵营中存在着秩序，这一点没有太多疑问，只不过这种秩序基于强制之上。华沙条约组织的军队部署在东欧和中欧各地，这些军队在1956年和1968年被分别用于匈牙利和捷克斯洛伐克，以确保莫斯科能够继续控制这些国家。所有这些共产主义国家都有很强的压制性，都可以看作是大的牢狱，尽管其中部分国家的压制性要小于其他国家。如果苏联集团算作是一个体系的话，那么，这个体系注定是不稳定的。一方面，阵营中的国家从来都没有对新苏维埃（new Soviet）产生真正的归属感，这就使得压制民族主义要求的做法更加难以持续下去——长远看来，这为核心国家带来的成本要远高于其从边缘国家那里榨取的财富。另一方面，在社会和政治演变的不同层面上，苏联帝国都包含着自身的社会形态（social formation）。简言之，苏联帝国的不稳定是不可避免的，因为它吞并了波兰和巴尔干国家等民族主义情绪强烈的国家，而这些国家曾在两次世界大战之间获得独立。但是，长期以来，这些不稳定之源被成功压制。

在富裕的资本主义世界中，情况却截然不同。在欧洲，存在尤其重要的三大因素。首先，大多数欧洲国家的性质发生了改变，这使欧洲成为一个和平的地方。我们不应忘记，政治化是由排斥导致的，这就使得人们被迫诉诸国家（的力量）。在1945年之后的西欧，这种状况大体上不复存在了，民族主义日渐式微。民族清洗、人口迁徙和种族灭绝已将国家同质化，这就去除了大多数的民族问题。换言之，在恐怖之后，紧接着自由主义兴盛起来——近年来发生的第三次巴尔干战争中，这一过程重现。归属感的某种重要基础要素得以确立。同样的政治逻辑也在影响着阶级。极端右翼在战争中被摧毁，而左翼在战后初期也是踌躇不前（这部分是由于美国的行动造成的）。这样一来，一种历史性的阶级妥协便成为可能——这首先要归功于基督教民主主义（Christian Democracy），它使得阶级关系得以发生在体系之内而不是走到体系的对立面。① 此外，欧洲人在经济复苏中发挥了主要作用，这是通过投资和创立福利制度而实现的（比如社会保障体系和失业保险制度）——这些福利制度提供了一种社会黏合剂，使得更大程度地利用市场原则成为可能，进而提高了社会的归属感。②

其次，更为重要的是，人们有可能意识到，试图拥有完全的权力只会导致彻底的灾难。这就为国家带来了谦逊和适度的节制。但是，这并不是说国家权力已经失去了其重要性。法国进行了深思熟虑和慎重规划，其无疑都是现实主义的考虑。③ 如果无法通过军事手段打败德国，那么，另一种策略或许可行：永久性的相互合作或许能够打消德国的侵略意图。现在的欧盟就源于法德两国在 1950 年的一项决定，即通过实现在煤和钢铁上真正的相互依存（等于是放弃了自行制造武器的能力），法德两国放弃了各自在地缘政治上的自主性。贸易于是替代了英雄主义。"法德共管"一直都主导着欧盟的历史。很快，消极性的现实主义盘算与某种积极性的东西融合在了一起，而后者为越来越多的国家所接受。这些国家发现，通过放弃那种要将一切控制在自己手中的想法，它们实际上得到的会更多：在一个大的安全框架下，相

---

① Kaiser（2007）.

② Milward（1984）. 在某些案例中，两次世界大战之间的这段时间进一步强化了大萧条期间就开始的阶级妥协，比如斯堪的纳维亚国家和美国。在美国，《国家复兴法案》（National Recovery Act）试图引入一些法团主义的因素，但最终被最高法院驳回。

③ Milward（1992）.

互依存带来了繁荣和公民权利的扩展。换言之，打破民族主义与帝国主义之间的联系提升而非削弱了国家的权力。同时，这也带来了制度的构建。

如果这些盘算和计划是基础性的话，那么，它们并不会必然产生它们最终会导致的政治形式。莫奈等人起草了煤炭和钢铁方面的协议，他们后来还负责起草欧洲经济共同体（成立于 1957 年）的计划。他们的梦想是联邦主义，即首先要创立委员会、议会和法院。莫奈有着高度的世界主义倾向，他也是国际金融的坚定支持者。相应地，他所起草的计划也将经济自由主义置于优先位置，后来，经济自由主义逐渐主导了欧洲的一体化进程。但是，一群来自法国的官僚（尽管与来自于其他国家的同行一道）又是如何能够拥有必要的权力进而改变了欧洲的宪法结构？其中必然存在地缘政治的因素，即在苏伊士运河危机时法国就发现，英国的权力已经耗尽了，只有通过与德国的合作才能确保（为法国）带来一定的自主性。

但是，还有第三个因素在起作用，正是它造就了 1945 年后的新欧洲。在第二次世界大战结束后的几年内，终于找到了一个解决欧洲安全困境的办法，其中的一个要素就是确立一个"受邀帝国"（empire by invitation）。① 有必要重复一下伊斯梅勋爵（Lord Ismay）的说法，即北约的目标就是将俄罗斯人排除在外，将美国人纳入进来，同时保持德国的分裂状态。俄国带来的威胁是真切的，无论是前线国家还是美国均感到了这种威胁。正是这

---

① Lundestad（1986）.

种威胁驱使美国人在 1945 年之后的那几年中采取积极措施，清除欧洲政治中的极左势力——例如，美国尤其支持意大利的基督教民主主义力量以对抗意大利共产党。[1] 当然，欧洲人之所以感激美国人的存在，却是出于一个完全不同的原因。欧洲人内部无休止的战争几乎将他们带向了完全毁灭的边缘。美国于是扮演了仲裁者或最高上诉法院的角色（court of last appeal）。当存在高度不信任时，就需要有人承担仲裁者的角色——在欧洲的例子中，这位仲裁者还掌握了强有力的强制工具和说服手段。保持德国处于分裂状况——这一决定彰显了第一次世界大战和第二次世界大战结束方式的差异：在 1945 年，权力至关重要，这不仅仅是考虑到 1919 年对于民族自决原则的遵从（被认为）导致了地缘政治灾难。地缘政治的稳定是投资和经济增长的前提条件。正如两次大战之间的地缘政治竞争破坏了相互依存一样，也正是稳定的国际秩序的存在使得欧洲 1945 年后的相互依存成为了可能。国家之所以能够成为"商人"而非"英雄"，恰恰基于稳定的地缘政治基础之上。也正是在这一点上，我们才能完整地解释欧洲内部的联邦主义所带来的影响。在其职业生涯的关键节点上，莫奈利用他在美国的影响力来推动欧洲的一体化进程。[2] 创建一个新欧洲同样也是美国的意愿，尽管美国主要是出于地缘政治考虑。如果没有来自美国的压力——以及美国的宽容（首先体现为美国对于欧洲的"内嵌自由主义"模式的接受，尽管它自身对

---

① Maier（1981）.

② Anderson（2009）.

这个模式并不感冒）——那么，欧洲一体化的进程或许就不会发生。

美国拥有如此大的影响力似乎并不难理解。最基本的一点就是，美国在战后初期拥有巨大的经济实力。战争动员推动了美国几乎所有制造行业的增长及其制度性的国家构建进程（institutional state building）。另一现实就是战后欧洲的大部分地区以及日本都处于废墟之中，它们所需的产品无法在国内得到满足，因为战争摧毁了它们的制造能力。美国的企业十分乐于填补这些空白。在 20 世纪 60 年代初，美国国内销售的汽车、钢铁、化工品、家用电器、服装、鞋袜、电子元件以及机械工具中，超过90% 是由美国公司生产的。此外，美国公司还占据了相当份额的海外市场。它们在全世界关键行业出口品的份额超过了 20%，包括飞机、汽车、通讯设备、塑料、机械工具、农业机械、医药产品、机车以及房屋固定装置。[1] 到了 20 世纪 70 年代中期，全世界最大的 401 家制造业企业中，有 211 家来自美国。[2] 毫不意外的是，美国成为巨大的商品和服务的出口者，同时还向世界其他国家输出资本。[3] 尽管如此，美国的经济增长主要是由国内的需求推动。到了 1970 年，美国的出口仅占其国内生产总值的 4.4%。[4]

---

[1] Zucker et al.（1982），p. 14.

[2] Chandler（1992），p. 136.

[3] 在 20 世纪 60 年代和 70 年代初，美国的经常账户处于盈余状态（美联储，2013a）。

[4] 美国商务部（U. S. Department of Commerce）（1975），第二部分，第 886 页。

　　在所有这些成功背后，则是美国实行的福特主义生产模式。它以亨利·福特的名字命名，其率先在汽车产业中推行大规模生产技术。福特主义适用于大规模的纵向一体化的企业。以福特汽车公司为例，它拥有森林、铁矿、煤田、石灰石采矿场，在巴西拥有橡胶种植园。此外它还拥有一个运输船队以及地区性的铁路线，将所有这些原材料运送到福特的生产车间。在此，福特公司将这些原材料予以加工，最后生产出汽车和卡车。像福特这样的公司专门为大规模市场而生产，因而它们可以享有规模经济带来的优势。这些公司的工人们常常通过工会组织起来与雇主达成协议，使工资的增长与生产率的提升相挂钩。劳资协议（capital-labor accord）形成于 20 世纪 40 年代末，它一直持续了 30 年。福特主义生产模式的最后一部分内容与政府支出有关。尽管与西欧的标准相比，美国的福利国家规模相对有限。但是，在美国，福利国家建设还是支撑了大规模生产所必须的大规模消费。军方的作用同样关键，它从私人企业那里采购各种各样的物品，从公文包到打火机，不一而足。① 此外，政府还进行大规模的基础设施投资，尤其是在艾森豪威尔总统任内建设了全国性的州际高速公路网络。政府支出的总规模稳步提升，其所占 GDP 的份额从 1948 年的 11.6%（2810 亿美元）增加到 1975 年的 21.3%（1.15 万亿美元）。国防开支占联邦政府总开支的比重从 1948 年的 30.6% 增加到 1954 年的 69.5%（峰值），后来又回落到 1975

---

① Piore and Sabel（1984）.

年的 26.0%。① 这也带来了巨大的繁荣。在 20 世纪 60 年代和 70 年代早期,美国的失业率维持在 4% 到 6% 之间。年均工资增长率大约为 2.5%,同时,劳动生产率也得到提升。同期,美国贫困人口占总人口的比重从大约 22% 下降到了 11%。工资不平等状况大体保持稳定,同时,它也远低于今天的水平。②

一个众所周知的重要理论认为,当一个单一的自由霸权国家为整个体系履行特定功能时——最为重要的内容包括坚持自由贸易、提供主导货币(top currency)与国防以及输出资本(以便整个世界能够获得发展)——资本主义社会就可以运转良好。③该理论指出,英国就曾是这样的霸权国家,而英国的衰落很大程度上是由于它为他国提供保护所带来的负担所致。这一观点几乎毫无真实性可言。英国只不过是列强中的一个,它绝对没有军事能力来推行一个自由贸易的议程。相较之下,美国在资本主义世界中拥有着真正的霸权权力——随着苏联的崩溃,这种霸权权力最终成为了世界性的权力。美国在 1945 年生产了全世界近一半的产品,这使得它很大程度上得以按照自己的意愿创建世界经济的架构。

在布雷顿森林,亨利·迪克特·怀特(Harry Dexter White)通过利用赤裸裸的政治实力来确保美国的主导地位。④ 首先,他

---

① 美国国家管理和预算局(U. S. Office of Management and Budget)(2013)。

② Mishel et al. (2012), pp. 77, 179, 335, 422.

③ Gilpin (1981)。这种理论或许太过于偏向经济方面。例如,美国也想方设法防止核扩散,而这完全出于地缘政治考虑。

④ Steil (2013).

确保美国能够控制世界上重要的跨国经济组织中（国际货币基金组织和世界银行）的关键职位。国际货币基金组织为那些有债务和收支平衡问题的国家提供贷款，世界银行则为有需要的国家提供基础设施建设方面的融资。由于美国是这两大机构的主要出资国——这直接源于这样一个事实，即在这两大机构成立时美国具有巨大的经济实力——因此，它享有了相当大的自由裁量权，以至于可以决定哪些国家在何种条件下可以接受帮助。① 其次，布雷顿森林会议决定在关贸总协定（即后来的世界贸易组织）的框架下建立一个国际自由贸易制度。在布雷顿森林会议上，约翰·梅纳德·凯恩斯（John Maynard Keynes）率领的英国代表团极力试图回避国际自由贸易制度的问题，因为这将打破英国在英帝国内部所享有的特惠贸易关系。但是，自由贸易制度符合美国的利益：由于能够更为容易地进入英帝国的市场，美国的公司和投资者将获得丰厚的收益。这就等于是在英国的心脏打入了一根经济桩子。由于战争的消耗，当时的英国经济已经是步履蹒跚，而现在它连试图保留其帝国的小小愿望也落空了。② 最后，外国货币将以每盎司 35 美元的比率兑换黄金——这也就是所谓的黄金窗口（Gold Window）。但是，由于黄金处于短缺状态，这样一来，美元便成为黄金的替代品。这意味着，美元成为世界的储备货币，美国进而享有了铸币特权。

美国享有的一些特权可以说是"无意中的"（innocent），尤

---

① Pauly（1997）. 最能体现美国影响力的一点就是世界银行的行长是由美国总统任命的。

② Pauly（1997）；Skidelsky（2000）.

其是美国可以享有很低的借贷利率，这很大程度上是因为世界商品是根据美元计价的。但是，正如法国人所说的那样，美国的另外一些特权则是"不合理的"（exorbitant）。由于控制了美元，美国可以根据自己的意愿印刷钞票，而出于地缘政治或经济考虑，其他国家却不得不选择继续与美元挂钩。因此，铸币权使得美国可以很容易增加货币供给或是借债。① 当一些国家拥有了大量的货币盈余时，由于全球金融失衡所导致的潜在危险就会出现。由于金钱总是处于流动中，过多的借贷有可能带来危险的泡沫。这些危险可能在未来爆发，但是，由此可以得出的结论就是，战后的安排是不彻底的。凯恩斯有着一个更为彻底的方案，即试图对借贷方和债务国的行为均进行规制。但是，这一方案被美国拒绝，考虑到美国在战争结束后享有的大规模借贷国地位，美国的态度并不令人感到惊奇。我们还可以再加上一个细节。如果资本主义在总体上可能会遭受全球不平衡所带来的问题，那么，欧盟也难以独善其身。欧盟自身也构成了一个小型的货币区，但是，与此同时，德国大规模的盈余也必须在这个货币区中找到出口。权力与金钱之间总是存在着密切的关系，这种关系也是我们在本书余下章节中探讨的一大内容。

毫无疑问的是，美国在"二战"结束后主动选择将英国从

① "印刷钞票"是媒体、中央银行管理者、金融分析家等常用的一个术语，用来描述众多的金融政策措施。一般而言，它的内容包括发行新货币以消解政府赤字或是偿还政府的债务。约翰逊政府就是通过这种方式来支付越南战争的开支。但是，它也可以在必要的时候为经济注入流动资本。奥巴马政府就是通过"印刷钞票"来回购政府债券，这也就是所谓的量化宽松过程。

高位上挑落马下。美国清楚自己拥有"全球领导国家"的实力并希望借此崛起。然而，尤为引人注目的是，在享有资本主义世界霸权地位的初期，美国在核心资本主义国家圈内行使其权力时，还是相对温和的——尽管它在与发展中国家打交道时并不总是如此。战后，美国经济是世界经济的发动机，它很大程度上推动了国际经济的发展。不仅如此，美国政府还通过马歇尔计划为欧洲重建提供了 130 亿美元的资金——尽管这一援助是有条件的，即受援国必须同意解除价格管制、稳定汇率以及保持收支平衡。那么，一旦美国的经济主导地位遭到挑战，它是不是会以另外不同的方式使用其权力？这正是我们后面章节所要探讨的问题。

第二章 存在的状况：旧与新

　　人类历史并不是整齐地"封存于"清晰划定的界限之内。今日国家所存在的世界无疑是如此的——在这个世界中，国家同时作为主体和客体而存在。在本章中，我们首先将会关注一系列新奇性（novelties），其发生在不同时期并且其程度也各不相同。正是这些新奇性很大程度上构建了存在和生活的新状况（conditions），而国家现在就不得不生活在这样的新状况之中。但是，正如美国剧作家尤金·奥尼尔（Eugene O'Neill）强调的那样，在某种程度上，过去也就是现在和未来。因此，在上一章对过去进行讨论之后，我们进而转向结构和行为的连续性问题，以及我们熟知的社会生活的模式问题。基于这两大问题的思考，我们得出的结论勾勒出今日世界的本质所在。通过在一般意义上阐释新旧状况——国家就是存在于这样的状况之中——我们本章的讨论将在上一章与后四章之间架起桥梁：在上一章中，从国家提供秩序、安全和归属感的需求出发，我们全面描述了国家的发展历程；后面四章将分别讨论存在于今日的不同种类的国家。

新奇性

　　与过去相比，今天的一个根本性变化显然要压过所有其他的变化，因为它带来的是本质的、不可逆转的变化。广岛和长崎的恐怖经历表明一点，即武器的杀伤力已经出现了根本性的飞跃。正如赫鲁晓夫所言，核武器不会区分不同的社会阶级——他承认，时至今日，两大超级大国之间的战争绝对是非理性的。对于这一现实的进一步承认出现在 20 世纪 60 年代初，当时美国鼓励苏联拥有第二次核打击能力。仅仅拥有第一次核打击能力是危险的，因为这或许会鼓励苏联先发动核攻击——这种可能性或许会促使美国不得不先发制人。对于"相互确保摧毁"（mutually assured destruction）的信心从来都不是百分之百的。决策者们曾经威胁使用这些武器——不仅仅是亨利·基辛格主导美国外交政策期间曾两次出现过这样的状况（基辛格本人应当知道得更清楚）。不仅如此，那些没有第二次核打击能力的国家有时候确实会发出使用核武器的威胁，最近的例子就是朝鲜。这完全是愚蠢的行为，因为这可能会导致他们自己的社会被完全摧毁——但是，历史上从来就不乏愚蠢的人，尽管前人的愚蠢也从未到达过如此高度。最后，我们远远不能免除对意外事件的恐惧。数十年来，作家和电影制片人都在描绘核灾难，尤其是西德尼·吕美特（Sidney Lumet）的冷战题材惊悚片《核战爆发令》（*Failsafe*），该片讲述了美国不经意中发动了对莫斯科的热核打击。技术系统的复杂性有可能将虚构变为现实，至少有一次几乎就要爆发核战争。①

伟大的国家之间不可能发生战争，这一点无疑是引人注目的，同时，考虑到世界大战带来的灾难，这对人类而言未尝不是一个好消息。此外，很多乐观情绪源于战后世界政治经济中发生的另一个变化。通信能力的提升正在全球范围内建立起前所未有的密切联系。考虑到一些权威们近来总在谈论全球化将削弱国家的权力，因此，我们先突出一些不同寻常的事情是十分必要的。全球化的一个根本因素就是作为理想的民族国家的传播。帝国已经覆灭：首先是在南美洲，随后是在"一战"之后，但是更主要的是后来的去殖民化以及苏联集团的崩溃。这既带来良性结果，也带来了不好的结果。好的消息是不干预原则的扩散——即领土完整必须得到保证。战后，这一原则屡次被大国破坏，或是通过代理人战争直接进行干预。与之相反，新生的国家（尤其是那些多族群国家，其中有一些还拥有跨界族群）压倒性地支持这一原则。即便国家的边界完全是不合理的，但是它也必须被捍卫。在本书的后面会指出，现在的国家构建和民族构建（nation building）不能像欧洲历史那样通过国家间的冲突来推动——对于这一变化，人们有着矛盾的心理。确定无疑的坏消息是，大量的冲突发生在国家内部——在过去 25 年间的战争中国家内部的冲突占据了很大的比例——这些内部冲突有时候血腥残酷，尤其是当这些冲突发生在中非地区的时候。中部非洲是掠夺性国家（predatory states）所在的地区。这些国家

---

① Schlosser（2013）.

常常得到外部的资金支持。在这些国家中，精英对于权力的掌控十分羸弱，以至于他们似乎必须立刻榨取资源方可维持。儿童士兵、极为羸弱的国家以及容易被榨取的资源，这一切为卢旺达和乌干达这样的地方带来了现代恐怖（modern horror）。因此，我们正处于这样一个世界中，其中，北方国家之间享有相对的和平，而南方国家却面临着相当程度的冲突，二者之间的对比泾渭分明。

即便如此，当我们反思帝国主义时代时，很明显的一点是，假如发达国家仍旧认为有必要占领海外领土的话，那么，这些地方今天的冲突可能还要更剧烈一些。有一种观点认为，规模对于确保繁荣是必不可少的——控制供给源、获得大的市场以及拥有大的人口规模（以利于军事目的）——但是，至少在发达国家间，这种看法已经相当大地失去市场了。当面临民族主义的兴起时，帝国主义国家总是不大可能继续维持其帝国。但是，有一种担心认为失去领土将会导致贫困，这意味着对于国家规模缩减的剧烈抵抗会时有发生。法国军队中的核心力量感到，他们在未来必定会被削弱——正如失去海外领地导致西班牙的衰落一样。因此，他们在阿尔及利亚发动了一场骇人听闻的战争，同时还试图暗杀他们自己的总统。阿尔及利亚战争期间的一个重要的学术观点是由雷蒙·阿隆（Raymond Aron）提出的。在《阿尔及利亚的悲剧》（La tragédie algérienne）一书中，他指出，帝国改革者的梦想——即构建一个以真正的共同公民资格为基础的大法兰西——如果不付出高昂代价的话就无法实现：提高北非地区占多数地位的阿拉伯人的生活水平将会导致巴黎人生活水平的急剧下降。[1]

去殖民化之后出现了一个重要现象。发达世界急剧繁荣起来，这主要是通过其内部的贸易实现。去殖民化之后，这些国家的经济增长进入了黄金时期，这就表明帝国并不是必须的。我们甚至可以更进一步指出，世界经济的性质已经发生了很大的改变，以至于有充分的理由相信，征服在目前来看，其所带来的好处实际上寥寥无几。[2] 抵抗的成本是显而易见的，而通过征服领土来获取技术上的领先位置也是极为困难的。人力资本很重要，而它却具有高度的流动性。同样，在价值链顶端的很多生产要素也是高度流动的。这个问题还有另一个方面，人们可以通过非领土活动（non-territorial activity）来获得重要的经济知识和成果。外来直接投资就是这样的渠道之一，另外一种渠道则是公司之间的联合。

这个一般性的观点十分重要，以至于我们必须要再强调一下。在晚近工业社会中，成功的秘诀似乎就在于"强化"人力资本的创造，以应对技术变迁。根据世界经济论坛的数据，在2013 年全球排名前 15 的经济体中，有七个是规模较小的国家或地区，比如瑞士、新加坡、芬兰、中国台湾和丹麦。它们的成功不仅源自于教育水平较高的劳动力，而且还基于这样一个事实，即它们均有着成熟的政治体制，其特征就是拥有强有力的公共机构、完善的产权、腐败程度较低以及高效的政府。[3] 现在来看，

---

① Aron（1957）.

② Brooks（2005）.

③ 世界经济论坛（World Economic Forum）（2013）。

脑力要比体力更为重要。

在考虑上述这些因素的同时，我们还要思考当今资本主义的性质——国家不得不在资本主义的大海中沉浮。资本主义有两个特征，其中之一是关于经济发展，另一个是关于权力的行使——本书两位作者中有一位认为第一个特征更为重要，而另一位作者却认为第二个特征最为重要。

资本主义的第一个特征可能有些冷酷，甚至是亘古不变的。首先，从20世纪70年代开始，跨国贸易和资本流动性出现了爆炸性的增长，并在20世纪90年代进一步加速。例如，从20世纪80年代中叶开始，国际贸易的增速开始快于世界GDP的增速。[1] 其次，随着阻碍资本流动的障碍的消失，全世界外来直接投资的规模出现了急剧增长。这部分是由1973年之后石油生产国的石油美元所推动的——这要归功于世界范围内石油价格的大幅上涨。在20世纪80年代和90年代，世界各国对于跨国资本流动的政策限制出现了实质性的下降。最为引人注目的变化发生在北美和西欧国家之间，它们之间实际上实现了完全的金融放开。除了中东和南亚国家之外，世界上的其他地区也紧跟这股潮流。[2] 从20世纪80年代到21世纪初，全球外来直接投资的规模从占世界GDP的大约1%增长到4%。[3] 更令人印象深刻的是证券投资的增长（portfolio investment），内容包括股票、证券和外汇贸易——1993年，经合组织国家证券投资的规模是其外来直接投资

---

① Centeno and Cohen（2010），p. 46.

② Simmons et al.（2008）.

③ Centeno and Cohen（2010），p. 80.

规模的三倍。① 最后，企业日益将生产和其他活动迁移到世界各地。企业发展出更为分散的、网络化的组织形式——比如企业间的联盟、合资公司和全球商品链（global commodity chains）——这些组织形式超越了国家边界。② 从 20 世纪 90 年代初开始，采取这些组织形式的跨国公司越来越多的来自于发达资本主义核心国家之外的其他国家。③ 这一变化很大程度上归功于信息与通讯技术以及交通基础设施的巨大进步：前者使得实时交易在世界范围内实现，后者使全球范围内的送货服务实现了"夕发朝至"。

　　资本主义的上述特征需要得到另一特征的补充，而后者强调的是权力。我们提出了两个观点。首先，我们必须要意识到美国在资本主义世界中的霸权性质已经发生了改变。我们已经指出，起初，美国在发达资本主义世界中以一种仁慈的方式行使其霸权，最为典型的例子就是美国为马歇尔计划提供资金支持。但是，"伟大社会计划"（Great Society Program）以及越南战争所需的经费并不是通过更高的税收提供的，相反，美国选择了大肆印制美元，这进而在很大程度上导致了 20 世纪 70 年代的大通胀。因此，世界经济的架构立即发生了相应的变化——从一个固定而稳定的体系转变为一个货币浮动的体系（有时候这些货币彼此挂钩）。这一变化代表了战后世界的一个新奇之处（basic novelty）。然而，有一点依然确信无疑，即美国仍旧保持了其特权地位，这是因为资本主义社会仍旧依赖美元。欧洲或许一直反对持有美

---

① Campbell（2003）.
② Gereffi（1994）；Gulati and Gargiulo（1999）；Powell（1987）.
③ Guillén and Garcia-Canal（2010）；Hopewell（2013）.

元，但是，诸如沙特和日本这样的盟友却选择继续支持那个保护它们的国家——而中国持有的大量美元储备是基于机会主义的考虑。这是一个由全球性不平等所构成的危险世界。总的看来，美国通过铸币权从全世界榨取资源的能力进一步加强了。看一看美元的管理方式。美国市场通过印制更多钞票的方式让美元贬值，这使美国出口品的价格更为低廉，进而有利于其经济恢复（尤其是在 20 世纪 80 年代中叶和 2008 年之后）。但是，经济的复苏反过来造就了美元更为强势的地位。这就给其他国家带来了灾难性的后果。很多发展中国家的"原罪"就在于它们必须借贷它们本国货币之外的一种货币资本（从 20 世纪 70 年代以来，它们就开始大规模借贷）。① 当美元走强时就会给这些国家带来现实的困难，进而导致世界很多国家抱怨美国操纵其货币汇率。

发展中世界内部的虚弱带给我们关于权力的第二点思考。北方国家主导着世界的政治经济。大多数贸易的增长发生在北美、西欧和日本这个所谓的"三角地区"。在 20 世纪 90 年代中期，全世界将近90%的商品进出口贸易发生在这个"三角地区"。其中，大多数贸易发生在"三角地区"内的国家之间（尤其是西欧国家内部）而非作为区域的三角地区国家之间。这种状况至今并没有发生太大改变。事实上，在当下，美国、中国、日本、德国和加拿大的贸易量占全世界贸易总量的近一半。② 外来直接投资方面的状况也大体如此。在整个 2011 年，发

① 在不到 20 年的时间内，那些世界负债程度最高的国家，其负债额从占它们 GDP 的 10%剧增到近 48%。（Centeno and Cohen，2010，第 75—79 页）
② Centeno and Cohen（2010），第二章；Fligstein（2001），第 199—200 页。

达资本主义国家吸收了全世界将近一半的外来直接投资，同时，它们占全世界外来直接投资流出量的近60%。[①] 北方国家的权力可从 iPhone 和 iPad 中窥豹一斑：这些科技产品在中国组装，但是，在其所创造的丰厚利润中，中国所占的比重还不到5%。[②] 其他高科技产品也同样，利润源自于软件而非硬件——换言之，利润流向了北方国家的设计者那里，而不是南方国家的廉价劳动者之手。

所有的秩序都伴随着成本和收益，而当今的资本主义远非"公正"。然而，从历史的视角看，一个初始点（initial point）是十分引人注目的：资本主义世界现在具有丰富的制度特征，这不仅体现在国际货币基金组织、世界银行和世界贸易组织等关键领域中，也体现在数以千计的国际组织之中（常常以联合国为核心）。这种制度深度（depth）减小了冲突的可能性。新兴国家的要求能够得到包容并以制度的方式予以应对。但是，这并不意味着我们应无视北方主导地位日趋弱化的一些迹象。在2011年，诸如中国、俄罗斯、沙特、新加坡、科威特、韩国、马拉西亚、泰国、印度尼西亚、卡塔尔、尼日利亚、委内瑞拉和利比亚这样的低工资收入的能源出口国[③]，共拥有活期存款账户结余约7530亿美元，占国内生产总值的10.6%。相比之下，美国、加拿大和欧盟同年活期存款账户赤字大约为6290亿美元。[④] 其次，在2012年，发展中国家第一次接收了比发达资本主义国家更多的

[①] 联合国贸易和发展会议（UNCTAD）(2013)。

[②] Worstall（2011）.

[③] 原文如此。——译者注

[④] Alpert（2013），第二章。

外来直接投资（约占全世界外来直接投资总额的 51%），这表明投资机会正在发生地区性转移。发展中国家对于外来直接投资的贡献率也在提升，在 2012 年，其所占比重达到创历史新高的 31%。这就意味着，较之以往，投资资本越来越多地来源于"三角地区"之外。① 第三，如前所述，越来越多的跨国公司来自于新兴工业化国家。现在，全世界将近 30% 的跨国公司，其总部位于发展中国家。越来越多来自于新兴工业化国家的跨国公司正在一些传统上由北方国家的跨国公司主导的市场上取得重大突破：世界上最大的糖果制造商是阿根廷的雅可（Arcor），最大的面包制造商是墨西哥的宾堡（Bimbo），最大的支线客机制造商是巴西航空工业公司（Embraer），最大的（石油公司之外的）能源公司是俄罗斯的高兹普罗姆（Gazprom）公司。此外，很多新兴的跨国公司开始将目光转向了并购：印度的塔塔钢铁（Tata Steel）收购了英国的康力斯集团（Corus Group），巴西的盖尔道集团（Geradau）收购了美国的查帕拉尔钢铁公司（Chaparral Steel），沙特基础工业公司（SABIC）收购了美国通用电气公司塑料集团（GE Plastics），中国工商银行收购了南非标准银行集团（Standard Bank Group）。② 所有这些都表明，世界现在变小了——其中，劳动力、工厂、设备、货物和服务的供过于求和能力过剩可能会导致一些问题出现。③

　　当今世界的另外两个特征将其与 20 世纪上半叶区分开来：

---

① UNCTAD (2013).

② Guillén and Ontiveros (2013)，第三章。

③ Alpert (2013).

一是苏联的崩溃，二是新自由主义的兴起。这二者相互联系——一种资本主义替代模式的崩溃极大地提升了新自由主义的地位。

苏联崩溃的原因尚未完全明了。但是，任何全面的解释都可能会包含以下因素。首先，直接的原因是试图将社会主义体系自由化的努力失败了。一个政权的解压（decompression）需要伙伴和技巧。前者在社会主义社会中十分缺乏，因为并不存在诸如工会和商业团体这样的次级组织。戈尔巴乔夫想要讨价还价，但却苦于没有讨价还价的对象。这本身就使各种要求有可能水涨船高——考虑到公开化（glasnost，即允许公开讨论政治问题）被认为是改革（perestroika，即经济和政府改革）的必要步骤。托克维尔（Alexis de Tocqueville）对于法国革命所做的精彩分析表明，当日渐升高的要求被突然阻断时，便会导致革命局势的出现。这里的寓意很清楚：当挑战出现时，有必要保持镇静，而不是掩盖不满的根源。但是，戈尔巴乔夫选择开放体系，然后又试图重新关闭它，进而不自觉地成为了体系的掘墓人——而他原本是试图要拯救这个体系的。在这里有必要提一下他的具体行事方式，即他先是允许民族主义动员，随后又试图通过突然对格鲁吉亚和巴尔干地区进行压制来控制它们。这就是（苏联崩溃）所谓的最简单的原因。苏联的崩溃是去殖民化运动的最后一幕，代表了传统的俄罗斯帝国的终结——"一战"后的苏联领导层重建了这个帝国，在苏联红军的军事力量推动下，这一帝国在"二战"之后得到了极大的扩张。苏联的崩溃也造就了一个美国独享的单极"时刻"（moment）——在过去的 25 年间，整个世界就生活在这个单极时刻之中。美国权力的一个要素就是其认可并推动的新自由主义思潮。

在 20 世纪下半叶的大部分时间，凯恩斯主义主宰了资本主义世界的决策圈。罗斯福新政带来的经验为凯恩斯主义在战后的推行创造了一个极好的环境。简言之，凯恩斯主义认为国家能够通过实施财政和金融政策，来调节总需求、稳定经济周期以及避免大规模通胀或是高失业率。但是，20 世纪 70 年代滞胀的出现——即高通胀率与高失业率的同时出现——是前所未有的现象，进而使得凯恩斯主义遭受质疑。人们开始寻求新的理论，以更好地解释滞胀现象，并制定有效的应对之策。对于一些人而言，新自由主义似乎注定要导致这两大后果（即高通胀率与高失业率）。在他们看来，大的福利国家以及支撑福利国家所必须的高税收助长了通货膨胀，因为雇主们将这些（税收）成本通过高价格的方式转嫁给消费者。不仅如此，福利国家和税收被认为会破坏职业道德（work ethic）、阻碍生产率的提升并抑制私人投资，进而破坏经济的竞争力。政府对于经济的过度管制同样被认为是具有活力的资本投资和增长的障碍。所有这一切带来的政策意蕴是显而易见的：如果它们希望避免滞胀的话，政府就应当削减消费、税收和管制。①

新自由主义的颂歌传遍了发达国家和发展中国家，尽管其程度不一——这部分取决于组织化的劳工运动的力量以及是左翼还是右翼来控制政府。然而，在发达资本主义国家，新自由主义及

① Campbell（2004），第五章；Mudge（2008）.

其支持者的力量十分强大，以至于能够使中左和中右政党的立场
右转。① 它同样主导了专业经济学家们的集体想象——主要是美
国和英国的经济学家，他们进而将新自由主义传播到整个世界：
先是传到拉美，在东欧共产主义政权相继于 20 世纪 90 年代崩溃
后，又传到了东欧和俄罗斯。② 尤为臭名昭著的是芝加哥大学的
保守主义经济学家们（即所谓的"芝加哥男孩们"）——他们
在 20 世纪 70 年代担任智利皮诺切特政府的顾问，当时智利刚
刚经历了一场血腥的政变，推翻了阿兰德的社会主义政府。只
要这些经济学家们主导国际货币基金组织、美国财政部和华尔
街的投资银行或是为其提供咨询——这些机构致力于为外国投
资在全世界寻求开放资本市场和国家经济——所谓的"华盛顿
共识"就会成为新自由主义的国际变种，进而迫使发展中国家
政府推行新自由主义政策以换取金融援助。具有讽刺意味的
是，在一些地方，新自由主义带来了资本控制的宽松，这同时
也为日后严重的财政和债务危机埋下了种子，因为这些国家容
易面临资本出逃的风险——众多拉美国家和环太平洋国家在 20
世纪 80 年代和 90 年代付出惨痛代价后才得到这一教训，尤其
是巴西、阿根廷和墨西哥以及印度尼西亚、马来西亚和其他环太
平洋国家。③

---

① Mudge（2011）.

② Dezalay and Garth（2002）; Fourcade-Gourinchas and Babb（2002）; Fourcade-Gourinchas（2006）.

③ Wade and Veneroso（1998a, 1998b）.

连续性

在我们讨论的上述变化中，并非所有的都已经完全实现。一些拥有核能力的国家并不寻求拥有核武器，这部分是因为它们接受了我们在前面所描述的逻辑，即在紧张局势之下，拥有一些武器或许是危险的事情——在仅仅具有第一次打击能力的情况下，敌国或许会选择进行先发制人的打击。而其他国家却对该问题持不同的看法。如果一国能够明确无误地传达这样的信息——即假如一个大国可能对其进行干预的话，它便可能使用核武器——那么，对于该国而言，拥有核武器就不是非理性的。美国没有对朝鲜进行干预，但它选择干预伊拉克。伊朗之所以希望获得核武器就是源于对这种情况（即美国是否干预）的分析。另一方面，这一观点，即从占有领土转向创造更大的人力资本，并非在所有地方都被广泛接受。最为明显的例外就是普京治下的俄罗斯，其决心要主导高加索地区、吞并克里米亚以及（有可能永久性地）在乌克兰制造事端，而不关心是否背上国际骂名以及其经济前景是否会受到影响。[①] 这种思维方式表明了世界政治的连续性。现今世界中有很多结构和行为保持了大体不变。我们现在将对其进行系统分析。

潜伏在暗处的结构性条件不应被无视。在国家能力方面，南

---

① 这里存在一定的复杂性。现实主义或许已经使得美国和欧盟对于大国控制或是影响其临近地区的意愿变得更为敏感（包括美国也是这样）。然而，如果要求的更少的话，这些国家（即大国）或许能够得到更多。

方国家与北方国家之间的差距仍旧十分巨大。在发达国家的世界中，国家有着悠久的历史，它们得到了财富和有凝聚力的国家感情的支撑（这种国家感情可能源于时间的沉淀，也有可能是暴力造就的结果)① 这是一个北方的成功民族国家构成的世界。相反，在南方，这样的成功却远非必然。很多南方国家出现的时间较晚——当然，拉美国家已经存在两个世纪了，但是非洲国家的出现却要晚很多。进而，南方国家的能力常常受制于诸多因素，比如它们的依附性、贫穷以及制造共同的国家感情的困难——在这些国家中，多样化的族群栖居在帝国主义国家划定的笔直的边界之内。对于南方和北方国家之间这种巨大的差异，我们在后面的章节中会集中论述。现在，让我们转向更为现时的问题。

首先，战争并没有完全失去其一般特征，即国家之间大规模的战争动员。或许，最为引人注目的是萨达姆·侯赛因的伊拉克与革命伊朗之间长期而血腥的战争。在这场战争中，超过 100 万人死亡。在另一种意义上，印度与巴基斯坦之间的冲突也是"经典的"（traditional），主要是因为冲突还导致了一次成功的分裂，即孟加拉国从东巴基斯坦的废墟上矗立起来。当然，印度与巴基斯坦的关系仍旧紧张，当然这不仅仅是由于克什米尔的紧张局势造成的，还有其他因素。两国之间的关系能够导致破坏性后果，因为它们都介入了阿富汗事务，目的是为了削弱另一方的存在。双方现在均是核国家这一事实使得这一地区成为当代世界最为麻烦的地方。中东的局势或许更为糟糕，因为很难思考出解决方案

① Lange（2015）.

（这些方案即便理论上可行，也很难付诸实施）。以色列与其邻国随时准备大打出手——战后它们已经三次兵戎相见①。由于担心伊朗获得核武器，以至于一些以色列人建议对其进行先发制人的打击。冲突的可能性解释了军队在阿拉伯国家中的重要性，这一糟糕的结构性因素抑制了自由化解压（liberal decompression）和民主化的可能性——埃及最近发生的事情（即通过军事政变废黜了民选总统穆罕默德·穆尔西）也印证了这一点。除了上述两大热点之外，还存在其他热点（其中有些是过去的，有些则是现在的）：中国与印度之间的紧张关系、马尔维纳斯群岛争端尚未有解决方案以及（或许最为重要的是）中国在其周边地区的强硬姿态——这导致美国通过重新转向亚洲，以传统的方式对中国进行制衡，而日本则有转向更具侵略性的民族主义之可能。

　　现在，让我们把目光从国家间事务转向国家内部事务。在两个明显方面，当今世界上民族主义还没有失去其感召力。首先，核武器的存在或许减弱了地缘政治暴力现象（geopolitical violence），但是，国家之间的竞争仍旧主导着经济领域。经济变迁的速度使得一些人有必要谈论"竞争国家"（competition states），它能够灵活迅速地成功应对全球资本主义的汪洋大海。② 这里指的并不仅仅是基于廉价劳动力或是尤为优越的人口状况之上的比较优势——因为这些因素的变化很快，例如，中国的人口状况的变化使该国令人瞩目的经济增长近来出现了放缓的势头。如前所

---

① 原文如此。——译者注

② Pedersen（2011）.

述，除了灵活的政治经济制度之外，还需要创造人力资本。这又谈何容易，因为它要求高度的教育水平以及大量的社会合法性沉淀（great reservoir of social legitimacy），后者常常与民族自豪感的感召力联系在一起。在这方面，有必要指出的是，民族国家越来越多地宣传自己（类似诉诸民族主义）以吸引投资资本，进而提升自身的经济竞争力。我们只需看看欧洲的电视或是读一下欧洲的报纸便可发现许多这样的例子——从卡塔尔到埃及，再到哈萨克斯坦和格鲁吉亚——它们都在宣传自己宜人的投资环境。

其次，与民族国家间的经济竞争同样重要的是，国家首先要努力构建民族认同（national identity）。这方面潜藏着巨大的冲突。社会学家马修·兰格（Matthew Lange）的研究表明，刚刚接受了教育的多数派会试图取代占主导地位的少数派的位置，这会导致恶性的族群冲突。最近的例子就是斯里兰卡。①正如我们刚刚提及的那样，非洲国家的境况彰显了民族构建（nation building）的困难。另一个令人担忧的地方尚未显现，但是却有着真正的爆炸性潜质。新兴国家或许已经感受到了来自于新近接受教育的、自信的社会群体的压力，后者要求国家在世界上发挥更为积极的作用。在威权主义国家中，国家或许有打"民族牌"（national card）的冲动——例如 19 世纪末所发生的大国竞争。当然，强烈的民族主义并不必然是发展中国家的专属品——只要想想法国、丹麦、英国和瑞士，这一点就会显露无疑。这些国家中的"本土人运动"（Nativist movements）——尤其是在

---

① Lange（2013）.

移民问题上的激烈言辞——或许已经扰乱了欧洲经济的平稳运转。

连接过去和今日世界的另一重要连续性则是世界各国之间的不平等。尽管那些生活在北方国家的人常常没能意识到他们所在世界的基石为何，南方国家对此却有着切肤之痛。我们可以通过审视国际制度的性质来窥豹一斑。近年来，南方的新兴国家对其在国际货币基金组织和世界银行等关键机构中（当然还有联合国安理会）缺乏代表权而恼怒不已。这并非仅仅是人事问题：南方国家对于这样的政策十分不满，后者的目标似乎在于保护资本主义的核心而非鼓励发展。

正如我们已经部分论及的那样，更为重要的因素在于美国所享有的权力。自从 20 世纪 70 年代以来，美国一直占据权力的"塔尖"。毕竟，全世界的剩余资本都流向美国，维持了其高标准的生活水平——而不是像霸权稳定理论所预见的那样，用于推动世界其他地方的发展。有人或许将负债视为是虚弱的表现，但是，这也可以有不同的解读：由于霸权国有能力通过印制钞票来削减其债务，因此，负债实际上构成了对其他国家的经济剥削（因此，对于霸权国而言，负债也变得更具有吸引力）。这给美国的盟国以及新兴市场国家都带来了消极后果。有时候人们倾向于将这看作是掠夺行为，但是抛开情感因素不谈，或许将其继续称为货币铸造税更好些。北方国家的关键决策都是在华盛顿做出的，从这个意义上讲，由"帝国"来取代"霸权"一词常常是更贴切的。美国权力的另一面体现在地缘政治上。战后，美国一直在世界各地开展军事行动，最近在伊拉克和阿富汗的战争是美国历史上持续时间最长的战争。美国既是一个贸易国家，也是一个冒险国家。它的冒险主义无处不在，比如，美国在全世界三分之一的国家拥有军事设施，美国的军事开支占全世界军事开支总额的近一半（相当于排名在美国之后的七个国家军事开支的总和）。[①]

同样需要指出的是，并非所有的民族国家都屈从于新自由主义。政治经济（尤其在发达国家中）并没有开启全面的制度改革进程。尽管一些国家中法团主义协商（corporatist bargaining）被分权化了，但是它并没有被完全抛弃，福利国家也并没有被打碎（尽管在一些国家中有一些收缩）——同时，规制改革（regulatory reform）常常是一个再规制（reregulation）的问题而非是去规制的问题（deregulation）。[②] 不仅如此，像日本、韩国和新加坡等东亚国家仍旧采取发展型政策，即通过广泛的官僚架构、国家—产业间的密切联系以及公私创新同盟等方式，国家在引导工业发展和创新方面发挥着重要作用。这并不代表一种国家计划，相反，它构成了理查德·塞缪尔斯（Richard Samuels）所说的"相互赞同的政治运作"（politics of reciprocal consent），即经济领袖、政客与官僚就各自如何提升国民经济的竞争力达成一致。[③] 类似的情形正在其他发展中国家上演。在印度，政客、公务员和经济领袖之间的关系既非全然融洽，也不会因太过于漠然而破坏彼此间的建设性对话和创新——彼得·埃文斯（Peter Evans）称其为"内嵌式自主"（embedded autonomy）。[④] 有一种观

① 美国国防部（2013），第 17 页。
② Swank（2002）；Vogel（1996）.
③ Samuels（1987）.
④ Evans（1995）.

点认为，随着全球化和新自由主义的兴起，民族国家正在被空洞化、弱化或是被阉割。与此相反，我们认为，在当今世界上，仍旧存在众多类型的民族国家与政治经济（模式）。

还有必要谈一下最后一点，尽管它看起来似乎与我们前面的论述有些矛盾。坦率地讲，世界政治的本质恰恰就在于出乎意料的特性。福山（Francis Fukuyama）曾宣称历史已经终结。他的错误之处并不在于他对于世界政治的观点本身（这方面他总是充满了洞见），而在于他天真地认为一个平稳且同质化的世界秩序已经被建立起来。我们立即就可以证明事实并非如此。这样的出乎意料表现为两种形式，一种是积极的，另一种则是消极的。

一个初看起来颇为积极的例子就是能源供给中的革命：由于液压破碎法（fracking）的出现，人们现在能够开采先前利用常规技术无法获得的地下油气资源。美国正在重新获得能源自给自足的地位。现在，美国国内存在修改规则的呼声，以允许石油的出口。这或许将会带来三大后果。第一，有一种观点认为，美国之所以在全世界推行冒险政策，目的是为了保护石油供给。现在，这种观点就不再能够站住脚了。然而，这无法完全排除美国的冒险行为。即便确保获得外国石油供给不再是一个迫切目标，美国仍旧感到保障中东地区的安全符合它的利益——首先就要防止该地区的核扩散。其次，这一巨大的能源矿藏能够极大地改变美国的经济状况：它已经带来了巨大的就业机会，同时，实际生产的成本也会被极大降低，美国享有了相对于其他发达国家的巨大优势。但是，这也有可能导致严重的负面结果。我们在后面的章节即将论述，气候变化为未来的世界带来了根本性的挑战。液压破碎法的成熟恰恰是不合时宜的，因为它降低了人们对于可持续发展的关注度。

近年来出现的一些消极的"出乎意料"的例子并不难觅。其中之一就是1973年石油输出国组织中的几个中东成员国拒绝向美国和一些西方国家出售石油。这是因为1973年初埃及和叙利亚进攻以色列，试图夺回在1967年战争中失去的土地，而美国当时为以色列提供军事支持。在短短几个月的时间内，石油价格就上涨了四倍，这在很大程度上引发了西方国家的滞胀。1979年的伊朗革命引发了油价的又一次上涨。2001年9月11日发生的针对纽约和华盛顿的恐怖袭击是我们能够立即想到的另一个消极的"出乎意料"。

结　语

迈克尔·曼（Michael Mann）在其关于权力的哲学史那本巨著的结尾提出了一种思路①，而我们的分析大体上遵循了这一思路。我们所理解的世界，其核心特征有三。第一，资本主义现在已经渗透到整个世界。所有的国家都在更深层次上为了国家经济竞争力而努力。这涉及各种各样的工业政策，尤其对于新兴的南方国家更是如此——这些国家的政治状态用"发展型国家"来描述或许最为合适。这就是今天的经济全球化。现在可以说亚当·斯密统治着整个世界。

---

① Mann（2014）.

其次，全球化远远不只停留在经济方面。民族国家的理念也已经被全球化了。这意味着，国家之间的竞争既是地缘政治性的，也是经济性的。国家之间彼此监视，这一现实从历史上看是很正常的现象。但是，必须强调的是，民族国家的构建并非在所有地方都已完成。地图上存在的很多国家边界尚未有强有力的国家情感相附着。这会带来多方面的影响，其中之一涉及亚当·斯密的外部统治（external rule of Adam Smith）。一国要在国家的汪洋大海中生存，就必须有强有力的国家自治。然而，很多国家恰恰缺乏这种能力。

最后，我们质疑关于资本主义的典型的幼稚说法，即没有国家能够控制资本主义——因为美国已利用其霸权权力试图控制资本主义。从历史比较的视角看，美国的帝国自负或许看起来有些奇怪，当然这并不仅是因为美国否认自己是一个帝国——英国同样不认为自己是一个帝国。相反，美国的帝国在本质上是非领土性的，也很少有美国人愿意为其赴汤蹈火。尽管如此，美国的力量仍旧是令人畏惧的，以至于全球化有时候恰好被看作是美国化。亨利·福特曾经风趣地说，顾客们可以买任何他们喜欢的颜色的福特车，只要它是黑色的。同样的话或许适用于美国的对外政策：所有国家都应被允许选择它们自己的道路，只要这道路是美国之路。

第三章 挑战者？

在"二战"之后的世界上，或许最为重要的问题就是发展问题，各个国家决心要赶上先进的北方国家。随着亚洲第一个工业化国家——日本的崛起，这一目标已经不再遥不可及。本章将特别关注"金砖国家"——现在有一种说法认为，它们或许会推翻现有的世界政治经济秩序。然而，有几个原因使得"金砖国家"（BRIC）这个缩写多少有些不太恰当。首先，在处理安全问题、秩序问题和民族归属感问题的方式上，这四个国家表现出了巨大的差异。其次，它们的利益并不总是一致。一些人进而指出，欧盟对美国而言也相当于是一个挑战者——我们将在第五章来讨论这个问题。最后，即便从经济方面看俄罗斯算不上是一个崛起中的大国，但是，正如我们将要讨论到的那样，俄罗斯无疑有意愿挑战美国的地缘政治地位。在本章中，我们首先要做的，就是讨论目前主导发展理论的两大派别。对这两大派别的归纳有助于我们在本章和下一章中进一步明确自己的分析路径。

发展的性质

"二战"结束后不久，人们普遍认为，去殖民化运动将与经济和政治发展"无缝对接"。"现代化理论"认为，城市化、更广泛的分工和社会流动将使得一些西方价值被接纳，比如敬业精神、物质主义、个人成就感以及科学和技术的进步。工业主义（industrialism）的逻辑将最终导致这些社会的经济、政治和文化体系与先进资本主义国家相类似，尽管这些社会所采取的路径或许不尽相同。[1]

这一派别的主要理论家们当然并不幼稚。他们强调，社会变迁更可能通过自上而下的方式实现，即国家决心将一个顽固的社会拖入到新世界之中。这就意味着，强制性的发展或许会排除民主的选项。创立一个教育体系通常要求就特定社会应当使用何种语言做出决定。阿尔及利亚决定将阿拉伯语作为通用语言，这是因为阿尔及利亚刚刚与法国打了一场战争，而且在当时柏柏尔（Berber）文化被认为是一种低等文化。这个决定当然需要进行相应的社会改造，在这个过程中，某些认同会被压制或消失，一种新的认同会被创立。工业化的进程也同样如此。农民从乡村迁徙到了城市，这部分是由于城市的吸引力，但也常常与政府致力于为新生产业吸引劳动力的政策密不可分。由此而来的变迁是整体性的，以至于民主控制几乎就是与此背道而驰。[2] 更为关键的

---

[1] Kerr et al.（1960）.

[2] Gellner（1967）.

是，发展带来的第一批成果一定不能被消费：原始积累就意味着，要攫取即将到来的第一批产业工人所创造的剩余，并将它们用于投资的目的。① 发展是伴随着痛苦的，任何生活在先进世界之外的人对此都心知肚明。那些致力于实现现代转型的国家常常会在教室中悬挂它们国家领导人的照片——这些人被认为是他们国家的摩西——这极好地体现了转型过程所涉及的权力集中。但是，相关的理论家们并不缺乏希望：从长远看来，创建一个复杂社会可能最终会导致政治变化的压力。强制性的发展或许会排除民主的选项，但是，它将会带来自由化，后者或许将为日后的民主化开启可能性。

在另外一种派别看来，经济增长和繁荣——更不要说民主——并非是政治独立必然导致的自然结果。相反，在巴西学者恩里克·卡多佐（Henrique Cardoso）这样的"依附理论家们"看来，先进世界中的大工业可能会压垮南方国家的经济，使得后者处于永远的弱势地位，即仅仅作为先进资本主义国家的原材料产地和廉价劳动力的来源。同时，他们还坚持认为，本国的精英（买办资产阶级）将从这种剥削关系中获益并且在某种程度上负责维持这种剥削关系。② 这方面的一个典型例子就是在 20 世纪 60 年代和 70 年代，跨国公司从智利的铜

---

① Kohli（2004）.

② 我们不应该对这种观点感到陌生。亚历山大·汉密尔顿（Alexander Hamilton）在 1813 年就曾在"向制造业者的报告"中指出，要保护美国的新生工业。弗里德里希·李斯特（Friedrich List）在《国民经济体系》（*System of National Economy*）一书中曾对汉密尔顿的观点予以系统剖析。见 Amin（1976）；Baran（1957）。

矿汲取了巨额财富。简言之，只要南方国家继续生活在北方国家的政治和经济掌控之下，那么，这种依附地位就或多或少将永远保持下去。

上述两大派别确实在某些问题上存在共识，尤其是，双方均强调国家应当组织本国的经济——至少要保护本国新生的工业。同时，它们都将我们的注意力引向了特定现实——尽管二者同样都犯了错误。那么，我们究竟应当持何种立场呢？

假如一定要在这两大理论流派中间分出高低的话，那么，现代化理论将会是获胜者。因为发展是业已发生的事情。现在，发展的方式可能会影响世界上的权力平衡。很明显的是，国家权力在成功的现代化过程中发挥了关键的作用。这些挑战者们的成功并不是不受阻碍的市场的成功，相反，它们是国家以各种方式干预市场并获得积极成效的结果。韩国就是一个典型的发展型国家（developmental state），即国家能够利用保护主义、资金以及其他一系列行政和政策工具，以相当有效的方式引领工业化进程；尤其是通过与公民社会中关键行为体的合作，决策者能够获得有关经济发展需要的有用信息。国家在社会中的"内嵌式自主性"（embedded autonomy）能够带来一种"强迫式资本主义"（coercive-capitalist）的现代性路径。[1]

必须指出的是，这些成功的案例并不能作为一般性归纳的

---

[1] 在这方面，发展型国家理论胜过了现代化理论（见 Evans 1995；Guillén 2001；Samuels 1987；Weiss 1998）。

基础，因为，同时起作用的其他因素也构成了社会形态（social formation）的部分内容。首先，日本对于韩国施加了直接的（而非间接）统治：由此导致的罪恶不容置疑，但是，同样不容置疑的是，正是日本人推动了韩国国家能力的提升以及根本性土地改革的完成。其次，韩国接纳了大量的美国资本，而美国注资韩国是出于地缘政治原因而非经济原因——美国同样对其他具有战略重要意义的国家进行了注资，需要指出的是，这并不包括拉美国家。第三，韩国从明智的政策中获益颇丰。为了保护新生工业而采取的"出口替代政策"中，有些持续时间很长，而有些则属于临时性的，这二者之间也存在着重要的区别。① 前者常常会导致灾难性的后果，它导致强大的既得利益的出现，并进而维持了一种陈旧的、有时甚至会为社会带来高昂成本的工业结构。不久以前的印度钢铁业就是一个例子。后一种方式则可以带来相当大的成功，韩国的现代和三星就是典型的例子。在韩国，关税保护持续的时间有限，这加快了技术升级和创新。同时，保护措施还与出口责任联系了起来——这一策略部分源于学习日本 20 年前在汽车、钢铁和日用电器方面的成功经验。② 最后，上述所有这些因素或许都取决于民族同质性这个前提，尤其是，朝鲜半岛的分裂导致了韩国民众的反共产主义情绪，这极大地提升了韩国的民族凝聚力。③ 尽管如此，韩国的成功经历至少证实了现代化理

---

① Hall and Zhao（1994）.

② Weiss（1998），pp. 73 - 74；（2003），p. 252.

③ Janelli（1993）. Kohli 2004 年的那本精彩的著作忽视了这一点。事实上，令人感到奇怪的是，他完全无视民族因素的重要性。

论的期待：威权主义令人惊讶的能力带来了一个更为多元化和冲突性的社会，由此开启了政治自由化的进程，现在民主已经在韩国落地生根。

但是，权力集中并不总是通过这种积极正面的方式而实现。詹姆斯·斯科特（James Scott）提出的"威权性正统现代主义"（authoritarian high modernism）带来了惨痛的后果——更重要是，它常常极大地抑制了经济的发展。① 俄罗斯在 1914 年曾是世界上最大的粮食出口国之一。但是，集体化摧毁了俄罗斯的农业，以至于俄罗斯现在不得不依赖外国以满足其粮食供给。印度和巴西两国因民主压力而造成的低速发展或许是一大优势而非灾难，特别是考虑到权力制衡政治能够带来的长远利益。在这里，我们还可以加上另一个重要因素：政治解压（political decompression）从来都不容易实现。俄罗斯的自由化失败了，这很大程度上是因为不存在可与改革精英进行谈判的组织化群体。② 同时，急剧的民主化有可能是危险的，它会释放出巨大的被压制的力量，进而使得巩固政治开放的任务几乎不可能实现，这就是 1989 年的俄罗斯和近年来的埃及所面临的状况。③ 苏联之所以崩溃，很大程度上是因为民族主义占据了国家解体导致的真空。中国人对此心知肚明，但同时，他们也深知自上而下的、排除了任何市场

---

① Scott（1998）.

② Bova（1991）. 柯克帕特里克（Kirkpatrick 1979）曾指出，与威权资本主义不同，国家社会主义无法得以自由化。现在看来，他的观点似乎是正确的，尽管这在当时引发了口水仗。

③ Snyder（2000）.

力量的社会主义计划是一个死胡同。所以，中国人试图颠倒戈尔巴乔夫的政策，即在"政治开放"之前先进行"经济改革"。这究竟在多大程度上可以造就一些能够参与政治解压过程的"伙伴"？这是我们的时代所面临的问题之一。在假定社会演进必然导致自由化时，我们应当要小心谨慎。在1914年前，德国通过自上而下的方式发展起来，如果不是在战争中被击败的话，它本来很可能会继续这个良好的发展态势。俄罗斯和中国看起来都相当地稳定。

但是，现代化的视角也面临着一个重大的挑战，特别是考虑到很多南方国家根本就没有任何发展。要理解是什么导致了这一切，我们需要适当超越经典的依附理论。第一波国家构建浪潮发生在北方国家，第二波发生在南美——依附理论正是萌生于南美。但是，第三波国家构建浪潮大体上发生在非洲，这全然是近年来发生的事情。[1] 有一种说法认为，为迎合北方国家的工业需要，非洲的发展被扭曲了。然而，这种说法是没有道理的。相反，近年来，北方国家整体上倾向于忽略广袤的非洲大陆，即便非洲大陆从世界上消失也不会对于世界经济的运行造成大的影响。因此，现代化理论难以解释弱国家的存在。要理解弱国家，我们必须要考虑社会经济要素之外的其他要素——首先就是那些与族群分裂相关的要素。

成功与失败之间的对照被夸大了，事实上，对于发展理论的现状，我们并不是持一种非此即彼的两分法态度。在下一章

---

[1] Lange（2015）.

中，我们将明确这一点并指出，非洲国家的赢弱不是绝对的，一部分尚能"勉强应付"的国家或许能够实现这样或那样的发展。在本章中，我们将指出，尽管"金砖国家"无疑取得了一些进步，但它们仍旧有着一些弱点。我们在任何情况下都要避免对它们的进步进行过分解读，因为这些进步还要取决于同时发生的其他因素。"金砖国家"都是有着大陆规模的大国并且有着巨大的资源禀赋，因此，我们不能将众多的南方小国与它们相提并论。此外，"金砖国家"——甚至包括印度——从来没有被帝国主义国家重新改造，尽管这确实是很多西非国家的命运。我们可以冒险提出一个一般性的论断：成功的发展似乎取决于国家能否与历史上的制度和模式建立起联系；对于国家而言，"白板一块"带来的更多是障碍而非机遇。

金砖国家

对于新兴大国带来的所谓威胁，我们深感怀疑。怀疑的第一点就在于这种威胁的性质。我们会很快意识到，只有当一个行为体希望猛烈攻击一个真正的敌人时——或是由于行为体能够提供更好的东西，或是因为敌人的存在使得行为体自身的生存变得不再稳固——（敌人的）威胁程度才最高。由此而来的一个观点就是，当今世界上的威胁完全不像"二战"刚刚结束时那么大。苏联威胁最大的时候或许是在两次世界大战之间的那段时间，当时苏联反资本主义的意识形态充满了激情和信念。① 现在，这种意识形态上的威胁当然已经烟消云散。
同样，核武器的威胁也降低了不少。（来自中国的意识形态威胁
也经历了类似的变化。）但是，中国的激进主义在 20 世纪 70 年
代终结了：先是与美国发展关系，接着又放弃经济上的封闭，开
始发展与世界其他国家的贸易往来。中国或许并不满意现在的世
界政治秩序，但是，它试图寻求改变规则而不是破坏整个体系。
所有这些都可以以最简单的方式总结如下：战争不再是一种优先
的选项，尤其是人们对于新近军事革命带来的成本有了清醒的
认识。

　　导致我们怀疑态度的第二个原因（正如第二章所讨论的那
样），就是政治经济已经发生了彻底的变化。军事征服不再被视
为增长和发展的前提条件——这样的理念给了新兴大国一些信
心，即它们相信自己可以成为世界政治的一部分，而后者也不再
会威胁到它们的生存。在面临民族主义运动的情况下，控制领土
的成本一般会高于它所能带来的好处。然而，同样重要的是另外
一种理念，即先进国家可以通过其他方式从世界经济中获得他们
的大部分所需。外来直接投资、知识和资本的流动、公司联盟以
及合资企业均表明，通过合作可以带来重大利益。在当今世界
上，试图通过占领新领土来获得这些利益的做法不仅代价高昂，

---

　　① 当然，威胁本身也会起起伏伏。两次世界大战期间的一个要害问题就是，西
方大国不愿意与苏联结成同盟，进而使得欧洲的均势政治变得很困难（如果不是不
可能的话）。在"二战"结束后，确实存在一些真正的威胁感，尽管人们会怀疑这究
竟与传统的地缘政治考虑有多大关系（更多是对一种不断蔓延的意识形态的恐
惧）——尤其是当将核武器也牵扯进来之后。

而且注定要失败。

导致我们怀疑态度的第三个原因就是，新兴大国有理由对世界政治抱有信心。一方面，不干涉原则再加上国家对于改变领土边界的抵制，为它们带来了一定程度的安全——这种安全在1945 年前是不存在的。另一方面，世界经济并非是封闭的，新兴国家并非没有参与世界经济发展的机会。在这方面尤其需要指出的是，新兴国家可以被纳入到（实际上已经被纳入到）一个制度网络之中——这其中常常伴随着来自于美国以及其他北方国家的帮助。当然，各国在这些制度中的地位也是不平等的，联合国安理会就是一个主要的例子。我们常常会注意到围绕改变规则而发生的斗争——例如，要求国际货币基金组织的下一任总干事来自于南方国家而非欧洲——但是，这种斗争并非要彻底打碎现有的体系。尤其是，加入 WTO 或是 G20 这样的组织能够起到使新兴大国"去激进化"的作用。在这里，我们应当重点参考一下社会学家克里斯汀·霍普维尔（Kristen Hopewell）的卓越研究，她的研究表明，并非所有的事情都会沿着一个方向发展。巴西的农业企业可以成功发起运动，反对欧盟和美国对于蔗糖和棉花的补贴——这是在利用北方国家创建的工具来反对北方国家自身！她的研究的意义还有另一面：巴西的农业企业能够在一个开放的国际市场上发展起来，这使得它与印度和其他众多弱国家之间纷争不断。①

我们持怀疑态度的第四个原因与这样一个现实有关，即在一

---

① Hopewell（2013）.

个一体化程度更高的世界中，精英们的性质已经发生了改变。在
19 世纪晚期，精英们常常通过国家构建的方式来推动各自社会
的现代化进程，进而提升自己的利益。如前所述，这常常伴随着
各种领土征服过程。现在，南方国家的精英们有了一个新的选
项，即不用考虑各自所在的社会而选择加入他国（发起）的行
动——这样做的目的或是为了留在国外，或是为了回到各自的母
国。为了获得更好的教育、为给商业交易提供便利或是出于其他
目的，南方国家的精英正在向北方国家移民，这一现象正变得越
来越普遍。2012 年，全球十大移民迁出国中，有九个是南方国
家；而在全球十大移民接收国中，有七个是北方国家。[①] 例如，
在 2012 年，中国是向加拿大移民的第一大国。加拿大政府共发
放了 32900 个永久居留签证以及 25245 个学习居留证——在 2004
年之后增加了 235%。[②] 温哥华的房价飙升的一个原因就在于大
量富裕的中国人的涌入，他们愿意承担高昂的房价。当然，众多
拉美国家（包括巴西）的精英几十年来一直在流向北方国家，
他们或是出于学习目的，或是为了建立经济和政治联系，以改善
自己及其国人的生活。[③]

　　总之，从南方的新兴大国身上，我们看不到对于北方国家的

　　① http：//peoplemov. in 访问时间：2014 年 1 月。十大移民迁出国包括墨西哥、
印度、俄罗斯、中国、乌克兰、孟加拉国、巴基斯坦、英国、菲律宾和土耳其。十大
移民接受国包括美国、俄罗斯、德国、沙特阿拉伯、加拿大、英国、西班牙、法国、
澳大利亚和印度。

　　② Citizen and Immigration Canada（2013）.

　　③ Babb（2001）；Dezalay and Garth（2002）.

根本性挑战。然而，这并不是说这些国家就应当被忽视。正如我们在前一章中指出的那样，南方国家占全球贸易以及全球外来直接投资的份额一直在提升，2012 年，南方国家占全球外来直接投资的比重首次超过了 50%。金砖国家的经济增长令人印象深刻，有时这种增长基于一种新形式的跨国企业之上。这些跨国企业竞争力不是在于其品牌和新产品，而是体现在管理和组织技巧、后勤保障、灵活性、学习能力和效率。[①] 表 3.1 说明，1999 之后，金砖国家的国内生产总值增长率都要高于北方国家。这一趋势在 2008 年金融危机之后仍在持续。事实上，从 1980 年开始，金砖国家的国内生产总值年均增长率就超过了七国集团以及其他新兴市场国家。[②] 现在，金砖国家是北方国家之外经济规模超过万亿美元的经济体，这无疑是由于中国、印度和俄罗斯极大地改善了各自的监管环境，包括简化建设许可、取消与纳税相关的行政手续以及保护占少数股份的股东（minority shareholders）。[③] 即便如此，正如表 3.2 显示的那样，总的看来，金砖国家在若干军事和经济实力指标以及人力资本方面还是落后于北方国家。同样，表 3.3 则表明，金砖国家的监管环境还是无法与北方国家相媲美。但是，在金砖国家内部也存在很大的差异——我们接下来就要分析这些差异。

---

① Guillén and Garcia-Canal（2012），第一章和第二章。

② The Economist（2013a），第 21 页。根据购买力平价的 GDP 份额来衡量。

③ 国际复兴开发银行/世界银行（2012）。

表 3.1 年均 GDP 增长率

金砖国家	1994—1998	1999—2003	2004—2008	2009—2013
巴西	−0.3	7.5	2.7	0.9
俄罗斯	−7.8	4.5	4.3	3.4
印度	8.5	10.5	6.3	3.2
中国	9.2	10.4	9.3	7.8
主要北方国家				
德国	−5.1	4.2	3.0	0.7
日本	−5.5	4.7	−0.6	1.9
美国	−3.1	2.4	1.8	2.2

来源：世界银行（2013b）

表 3.2 主要北方国家与金砖国家的特征（2009 年）

		北方国家			南方国家（金砖国家）			
	世界	美国	日本	欧盟	巴西	俄罗斯	印度	中国
军事特征								
军事开支（单位：10 亿美元）	1544	661	51	298	26	53	37	100
核弹头部署量	8392	2702	0	460	0	4834	70	186
经济特征								
GDP（按购买力计算，单位：10 亿美元）	72154	14044	4083	15618	1999	2678	3791	9057
GDP（按美元现价计算，单位：10 亿美元）	58078	14044	5033	16347	1594	1222	1381	4991
人均 GDP（按购买力计算，美元现价）	10668	45745	32006	31192	10344	18878	3281	6803
累计对外直接投资（单位：10 亿美元）	18982	4303	741	9006	158	249	77	230[a]
收入不平等（基尼系数[b]）	—	0.380	0.320	—	0.539	0.423	0.368	0.462
人力资本特征								
每百人互联网用户	27.1	78.1	77.7	67.1	39.3	42.1	5.3	28.8

续表

| | 北方国家 | | | 南方国家（金砖国家） | | | |
	世界	美国	日本	欧盟	巴西	俄罗斯	印度	中国
成人识字率	83.7	99.0	99.0	99.5	90.0	99.5	61.0	95.9
世界排名前100位的大学数量	100	32	6	35	0	0	0	2ᶜ

a. 不包括香港（香港的累计对外直接投资为 8340 亿美元）
b. 根据可获得的最新的数据
c. 不包括香港（香港有三所世界排名前 100 位的大学）
数据来源：Guillen and Ontiveros（2012），pp. 91，140 – 141

表 3.3 政府与商业廉洁程度

| | 公共部门的腐败 | | 监管环境 | | | |
	排名	分数	做生意的容易程度	创办企业	契约执行	跨界贸易
金砖国家						
巴西	69	43	116	123	121	124
俄罗斯	133	28	92	88	10	157
印度	94	36	134	179	121	132
中国	80	39	96	158	19	74
主要北方国家						
德国	13	79	21	111	5	14
日本	17	74	27	120	36	23
美国	19	73	4	20	11	22

说明：公共部门的腐败数据起止时间从 2010 年到 2011 年，共涵盖 176 个国家。排名的数值范围从最不腐败（1）到最腐败（176）；分数的数值范围从绝对腐败（0）到绝对廉洁（100）。"做生意容易程度"的数据为 2013 年的数据，共涵盖 189 个国家，排名从最好（1）到最差（189）。

数据来源：公共部门腐败数据源自于透明国际（Transparency International），http：//www. transparency. org/cpi 2012/results（访问日期：2013 年 12 月）。监管环境的数据源自于国际复兴开发银行/世界银行），http：//www. doingbusiness. org/rankings（访问日期：2013 年 12 月）。

俄罗斯

将俄罗斯归入到"金砖国家"这个新兴国家俱乐部中有些不合常理。在苏联解体之后，俄罗斯的经济增长率就陷入了负增长。在很多方面，这都给俄罗斯民众带来了灾难性的后果。尤其是，当我们讨论发展时，我们必须记住衡量发展水平的一个最基本指标就是人均寿命——在工业化国家中只有俄罗斯经历了剧烈的预期寿命下降的状况：自从苏联解体之后，伏特加和失业使得俄罗斯男性的平均寿命下降了超过 10 岁。尽管 2000 年之后俄罗斯的经济有所复苏，但是，一直到 2008 年金融危机爆发，它的经济实力仍旧落后于印度和中国（见表 3.1）。更为重要的是，它现在面临着严重的困难。正如表 3.3 显示的那样，俄罗斯的腐败程度比其他金砖国家都要严重，尽管这种腐败似乎已经转化为一种更有利于做生意的监管环境。普京在控制国家和压制政治竞争对手方面展现出超强的技巧。在寡头集团的支持下，普京在一定程度上建立起了个人独裁制，而这些寡头已在国外的银行里隐匿了大量的资金（最近尤其是在希腊）。正如表 3.2 显示的那样，源自于俄罗斯的对外直接投资在金砖国家中高居榜首。表 3.2 同样显示，尽管自 20 世纪 90 年代以来俄罗斯已经积累了大量的财富，但是，其经济规模仍旧落后于其他金砖国家（人均 GDP 除外）。俄罗斯与北方国家的经济差距还在拉大。今天，俄罗斯的石油和天然气在国际市场上具有竞争力，除此之外，我们很难找到太多俄罗斯的商品或服务。自从 2008 年金融危机以来，金砖国家的经济增长率都大幅下降，但是，俄罗斯的下降幅度却最小。这表明，至少在金融方面，俄罗斯经济与世界经济的融合程度较低，因而较之于其他国家，俄罗斯受国际经济周期的影响也较小。

　　当然，俄罗斯仍旧享有前超级大国地位遗留下来的一些好处。它的王牌就是其核武库（见表 3.2）。但是，正如我们先前表明的那样，世界已经发生了改变，核武器的重要性大幅降低。俄罗斯仍旧是联合国安理会的常任理事国，同时也是八国集团①、二十国集团以及其他国际组织的成员。近年来，俄罗斯在地缘政治方面的野心影响了世界的稳定。即便叙利亚总统巴沙尔·阿萨德（Bashar al-Assad）在内战中使用化学武器对付他的叙利亚民众，但是，俄罗斯仍旧在资金和军事方面支持叙利亚政府，这无异于延长叙利亚的冲突，同时这也加剧了中东地区的不稳定局势。俄罗斯还与伊朗政府保持着盟友关系，这一事实恶化了该地区所面临的问题。同时，俄罗斯控制着大量的石油和天然气资源，这使得它能对一些邻国施加影响，而这又令一些北方国家恼怒不已。为了加入俄罗斯主导的关税同盟（该同盟还包括白俄罗斯和哈萨克斯坦），乌克兰拒绝了与欧盟的一项贸易协定。据说，为了说服乌克兰"回心转意"，俄罗斯许诺以折扣价格向乌克兰出售能源。乌克兰西部的民众叛乱竟然全然不顾乌克兰东部的俄罗斯族人的担忧，这为普京吞并克里米亚提供了口实。现在看来，近期的前景十分模糊。2014 年，乌克兰的民族主义情绪尤其高涨——在失去克里米亚之后，乌克兰的民族问题的严重性事实上下降了。某

---

　　①　俄罗斯八国集团资格在 2014 年被取消——译者注。

种形式的联邦制安排或许能够维持乌克兰的领土完整。

在纯粹的现实主义（pure realism）看来，所有的这些行为都是可以提前想象到的——这种观点有利于那些与俄罗斯的主要对手为敌的人。但是，假若俄罗斯仍旧是一个在地缘政治方面无法被忽视的力量的话，那么，是否应当为此而付出社会和政治发展方面的代价？不允许车臣脱离俄联邦，很难会为俄罗斯带来什么福祉。正如2014年基辅的抗议者们明确意识到的那样，任何对进入发达市场（advanced markets）予以限制的举动都有可能抑制经济创新。任何事情的背后都是一个认同问题。俄罗斯将要成为一个强大的民族国家或是它还将继续坚持作为帝国主义国家的历史认同？借用迪恩·艾奇逊（Dean Acheson）对于英国的评论，我们可以说，俄罗斯已经失去了自己的帝国，但是它现在尚不明白应该如何行事。当然，在应对其内陆地区的一些民族问题时，俄罗斯并非全然一无是处。但是，俄罗斯坚持要控制其临近地区的做法扭曲了其国内政治，同时这也并没带来任何可见的经济收益。在世界政治经济的经济变化方面，我们应当将更多的注意力投向其他金砖国家。

中　国

从根本上说，正是中国内部的变化才使得谈论新兴大国变得有意义。表3.1和表3.2都表明，中国的增长率尤其令人印象深刻，即便在2008年的金融危机之后仍是如此。中国同时拥有核武器，虽然其核能力较美俄两国都要弱许多。此外，中国还是联合国安理会常任理事国，这为它在地缘政治世界中赢得了一定的地位。中国是众多发展中国家（包括非洲国家和拉美国家）的重要资金来源。与俄罗斯明显不同的是，中国有着更强的民族和语言的同一性。这并不是要否认中国内部出现的民族问题。我们仅仅要指出这一点，即单纯中国的人口规模便使得中国不大可能发生根本性的领土分裂。当然，我们最为关注的仍旧是中国经济的增长。

20 世纪 70 年代末的一系列改革弱化了对于经济的政治控制，允许公民、地方政府与国有企业参与资本主义市场，在这些因素的共同作用下，中国经济保持了超常的增长速度。同时，中国的监管环境已经大为改善，现在，中国的监管环境至少与其他金砖国家一样好（假如不是更好的话，见表 3.3），这进一步推动了中国的经济增长。20 世纪 70 年代初，中国的出口占世界出口的份额可以忽略不计，但是到了 2012 年，中国的出口已经占全世界出口总额的 7.1%——要比日本高出几乎 60%，比俄罗斯高出 10 倍之多。中国的进口增长更为迅速，2012 年，中国进口占世界进口总额的 19%。① 现在，中国是全世界第二大经济体，大致占全球 GDP 中 10% 的比重。在 2008 年金融危机发生前的 20 年间，中国的经济以年均约 10% 的速度增长。在这个时期，中国享有经常账户盈余，2012 年约为 1930 亿美元。根据一些预测，中国的 GDP 将在 2019 年前后超过美国。② 此外，中国在非洲、

① 世界贸易组织（2013），表 A17。
② Mann（2013），p. 272；*The Economist*（2013a）；世界银行（2013a）。

中东以及北方国家有着日益扩张的经济利益,对于很多发展中国家而言,中国也是日渐重要的援助和资金来源。① 快速的经济增长使中国能够提高储蓄率:从 20 世纪 90 年代中占可支配家庭收入的 20% 提高到 2011 年的超过 30%。反过来,中国也能够进行对外直接投资。② 2009 年,源于中国的对外直接投资为 2300 亿美元(见表 3.2)。同时,中国也将其储蓄用于大规模购买外国债券,其中包括 1.3 万亿美元的美国债券——这在全世界都是首屈一指。

在全球事务方面,中国二十年前还是一个地缘政治影响力十分有限的行为体,现在它已经变得更为积极。例如,2009 年中国利用自己的力量影响了哥本哈根气候变化大会,最近它又小心翼翼地反对美国对叙利亚的军事干涉。然而,正如上文指出的那样,中国似乎无意全面修改现有的国际治理体系(international governance system)——考虑到中国经济从中获益良多,这并不令人感到惊讶。③ 中国正在积极接受现有的全球规则与全球合作机制。例如,在 1997 年亚洲金融危机之后,中国采纳了国际破产规则的一些内容。④ 中国还维护国家主权原则,坚持认为应当允许各国自行选择自己的政治和经济体系,而不是从外部强加。作为世界贸易组织、国际货币基金和世界银行的成员,中国致力于在这些组织中提升发展中国家的代表权,力求使发展中国家得

① Breslin (2013), p. 627.
② Barnett 等 (2012)。
③ Ikenberry (2008); Subramanian (2011).
④ Halliday and Carruthers (2009).

到更为公正的待遇。换言之，中国要求的是对这些组织进行增量改革——而不是根本性的改造。中国同时也通过东盟和本地区的其他多边机制积极与南方国家进行区域合作。在这些方面，中国正在努力成为当今世界的一个负责任大国。①

中国面临的一个弱点就是伴随着经济增长而来的日渐严重的收入不平等。在2012年，最富有的10%的中国人占有了全国收入的近60%——这使得中国的收入不平等状况超过了大部分经合组织国家以及众多新兴国家。② 正如表3.1所显示的那样，中国的基尼系数要比美国高出许多，而美国的收入不平等状况要比几乎所有的北方国家都要严重。中国的收入不平等很大程度上源自于农村和城市之间经济机会的巨大差异。因此，尽管中国有着令人惊讶的经济增长速度，但是它的人均收入水平仍旧很低——2009年仅为6800美元左右（见表3.2）。据估计，有1.5亿中国人仍旧生活在联合国界定的赤贫状况之中。③ 这种收入不平等有可能会引起政治后果，正因如此，中国政府正在想法设法建立福利国家，以应对这些问题。④ 出于这一目的，中国政府最近派出代表团访问斯堪的纳维亚国家、德国以及其他国家，以学习这些国家福利体系的管理经验。

中国国内也面临一些问题，这可能会为其将来的经济前景蒙上一层阴影。首先，中国的大学体系比较薄弱，其电信基础设施

---

① Breslin（2013）.

② *The Economist*（2012）。

③ Breslin（2013），p. 622.

④ Lee（2007）.

不仅落后于北方国家，也不如巴西和俄罗斯——至少从网络速度上判断是如此（见表3.2）。随着中国人正在努力改善其教育体系——在"文化大革命"中毛泽东基本上摧毁了中国的教育体系——大学体系羸弱的问题或许会逐渐有所改观。2012年，上海的学生在数学、科学和读写能力方面均居世界前茅。[①] 其次，中国面临着严峻的污染和环境恶化问题，这不仅威胁到中国的自然资源（比如湿地、农用地和森林），而且会导致人为的灾难（比如外来生物入侵、过度放牧、土壤流失、河流断流、盐渍化以及水与大气污染），进而威胁到中国人自身。[②] 第三，中国经济的超常增速很大程度上源于这样一个事实，即为了促进出口，中国有意压低其货币相对于他国货币的价值——这一政策招致其他国家（包括美国）的激烈反对。假如其他因素保持不变的话，如果要求中国重新衡量其货币价值的外部压力见效的话，那么，这将导致中国经济增长率出现下降。

总之，很难预测中国在未来几十年会发生什么。有些人相信，中国注定会成为举足轻重的全球性大国。然而，由于上面提到的那些问题，有些人则没有那么乐观——特别是考虑到中国没有可以输出的意识形态以及其他新兴大国（尤其是印度和巴西）可能会稀释中国的经济和政治影响力。例如，到2030年，印度的人口规模将会超过中国。由于计划生育政策的影响，届时中国人口的平均年龄将会上升，这将使中国面临严峻的人口老龄化压

---

① 《纽约时报》（2013）。

② Guillén and Ontiveros（2012）.

力，即不得不将资源从发展领域转向福利领域，以维持国内的政治稳定。同时，美国届时仍较中国富裕很多。[①]

尤为关键的是，在生产能力方面，中国似乎并没有在价值链上爬升太多。iPad 和 iPhone 的产地均为中国，但是，中国仅仅能够赚取苹果公司产品不到5%的价值。[②] 中国公司既没有领先的技术，也没有响当当的品牌，这使得它们在全球市场上的竞争力不强。对于中国公司而言，要获得技术和品牌也绝非易事，因为西方各国政府对于中国大型国有企业的并购和收购有着很深的政治和意识形态方面的抵制。[③] 而且不应当忘记这一点，即很多国家已经陷入中等收入陷阱而不能自拔。廉价的劳动力能够带来令人惊讶的跨越式进步，但是，它或许并不能带来技术创新方面的持续进步。因此，我们预计中国有可能成为多极世界上的一个大国，而不是成为占主导地位的全球性大国。

印　度

印度与中国和俄罗斯的不同之处在于其政治体系与很多北方国家相似，因此，在面对来自于印度公司的并购、收购、合资公司以及其他跨国经济行为时，北方各国政府的反对声音可能会相对微弱。更为重要的是，印度民主制的特征是将冲突予以分散

---

① Breslin（2013）以及 Guillén and Ontiveros（2012）著作的第八章回顾了有关中国未来的争论。

② Worstall（2011）.

③ Nolan（2012）.

化，而不是将其集中在国家身上。形形色色的讨价还价或许阻碍了快速的决策，但是，在过去，民众的控制使得印度避免了饥荒，而饥荒在过去却给中国留下了很多创伤。① 在未来的若干年，民主制或许会为印度带来相当大的优势。

在解决民族问题方面印度尤为成功。印度是一个多民族的联邦制国家，每一个邦都有各自主导性的民族文化和民族语言。英语是殖民时期的语言，也是经济活动的国际语言。印地语是印度北部的通用语言，它在印度的电影、广播和大众文化中的使用频率也很高。英语和印地语都是"联系语言"（link languages），二者使用范围很广，联邦层面的事务以及各邦与联邦政府之间的事务中均使用英语和印地语。很多邦还有自己的官方语言，比如古吉拉特邦的古吉拉特语。因此，大多数印度人会说上述两种"联系语言"——假如他们来自于印地语为官方语言的邦的话。此外，很多人还能够说一两门其他语言——假如他们所在邦的官方语言不是印地语并且他们说的是该邦的少数民族语言的话。很重要的一点就是，多种语言的普及削弱了民族冲突——而在其他地方，这种冲突或许早已发生。② 社群层面的民族暴力事件在印度仍不时发生。③ 近年来影响最大的民族冲突发生在古吉拉特邦，这导致很多穆斯林被杀害。当时，古吉拉特邦在纳伦德拉·莫迪（Narendra Modi）的控制之下，他后来成为印度总理。困难或许现在就会接踵而来。作为一种背景性的统一条件（back-

① Sen（1981）.

② Laitin（2008），pp. 88 – 92.

③ *The Economist*（2013c）。

ground unifying condition），印度总是由印度教徒占多数，而莫迪所代表的印度人民党（BJP）近来似乎咄咄逼人，这将危及众多协议的存续，而正是这些协议确保了印度的多样性。

印度在 20 世纪 90 年代的经济成就令人印象深刻，它的经济增长率甚至可以和中国相媲美。即便是在 2008 年金融危机之后，印度的经济增长率仍旧可观（见表 3.1）。此外，正如表 3.2 显示的那样，印度的收入不平等状况要远低于其他金砖国家。另一方面，从人均 GDP 的水平与高文盲率这两个指标来看，印度仍旧是一个穷国。

印度之所以能够崛起，成为世界舞台上的重要经济力量，相当程度上是出于对中国的疑虑。印度过去曾与中国发生过军事对抗，在意识到中国经济开始起飞之时，印度的决策者于 20 世纪 90 年代开始实行大胆的自由化策略，以开放其经济。这一切开始于 1991 年：先是使其货币贬值近 20%，随后进行了数轮的关税削减和解除规制。曾经印度的关税水平最高可达 300%，这在发展中国家中首屈一指。但是，到了 1997 年，印度的关税水平已经下降到 20% 左右。在进行经济自由化的同时，印度还削减补贴、为出口多元化提供激励、设立出口产品加工区以及实行自由外汇留成制度（liberal foreign currency retention system）。决策者们还改善了监管制度与法律工具，以推动跨国并购与收购。尽管这些改革遭到社会群体、工人、行业协会、民族主义分子、环保主义者和学者们的反对，但是，印度的领导人们仍旧坚持这些改革措施——无论哪个政党上台执政，印度的领导人均认为，这些措施是逆转与中国和其他东亚国家在竞争力和国际威望方面差

距的必要手段。换句话说，决策者们诉诸全球主义的视野，但却
以民族主义的辞藻为其提供合法性。[①]

上述改革措施的推动力主要源自于三个方面。第一，决策者
们意识到，如果要对抗来自于中国的潜在侵略，印度需要提高自
身的军事实力，尤其是要发展核武器。但是，要实现这些目标，
印度首先需要发展自己的经济。第二，决策者们从中国那里借鉴
了很多自由化的策略，而且印度的决策者们实施这些策略的速度
还要快于中国。第三，尽管政治精英们在改革中发挥了自上而下
的引领作用，但是，他们均与重要的经济行为体进行了协商。尤
其是三大高端工业组织（peak industry organizations）定期与政府
领导人会面，并围绕提升印度的竞争力向政府提出它们的需求。
在 20 世纪 70 年代和 80 年代，印度政府无法指望私营部门为其
提供这样的信息，比如，哪些产业政策能起到作用或是哪些产业
政策能够有效实施。但是，情况在现在已经有了改观。印度政府
现在享有一种"内嵌的自主性"（embedded autonomy），即一方
面决策者们可凭借充分的官僚结构避免自己被俘获，以及防止庇
护主义的滋生，另一方面，这又不至于使他们脱离公民社会，因
而他们清楚要促进发展和经济繁荣需要做些什么。[②]

但是，与其他金砖国家一样，印度也面临着自身的问题，后
者可能会抑制印度经济的进一步增长。首先，印度的拉闸限电状
况十分严重，水资源短缺的问题也很突出。印度的基础设施状况

---

① Alamgir（2003），p. 236.

② Alamgir（2003），p. 242；Evans（1995）.

最多只能说是勉强维持，它的互联网普及率以及识字率要比其他金砖国家低很多。考虑到印度迄今为止仍是金砖国家中最为贫穷的一个，这一切并不令人感到惊讶（见表3.2）。此外，印度的腐败问题十分严重。表3.3显示，印度在"全球腐败指数"（global corruption index）上的排名为第94位，同时，与其他金砖国家相比，印度的监管环境十分不利于经济活动的开展。腐败状况是如此之严重，以至于经过若干年的尝试后，印度的上院终于在2013年批准设立了一个反腐败机构。事实上，近年来的若干次选举始终围绕两大关键问题而展开：一是腐败，二是削减与经济活动相关的繁琐程序。[1] 因此，印度经济的进一步发展面临着一些严峻的问题，在我们看来，其中一些与印度的联邦制结构有关，即对于经济的监管很可能在邦这一级出现不一致。在这方面，需要指出的重要一点就是，印度的官僚体系以及印度政府自身的政策，使得跨国公司在印度开展经济开发活动的程度无法达到它们的预期。[2]

　　印度的地缘政治位置也较为模糊。它拥有核武器，并且拒绝签署《核不扩散条约》或《全面禁止核试验条约》。但是，它却与国际原子能机构在其他方面展开合作，并且，在核不扩散方面，印度的表现也算是尽心尽力。与巴西一样，印度也期望成为联合国安理会的常任理事国，但这一目标尚未实现。印度是一个民主国家，但是，它在冷战期间却常常与苏联打得火热，这部分

---

[1] Harris (2013)；*The Economist* (2013d).

[2] Narlikar (2013)，p. 598.

是由于美国当时支持巴基斯坦。印度与其他金砖国家合作，以影响二十国集团和世贸组织的相关政策。但是，印度也与中国发生过一次战争（1959—1962），与中国存在着旷日持久的边界问题。同时，它与其他金砖国家在获取非洲资源方面相互竞争。随着印度经济实力的提升，它在对待其他国家的方式上也开始变得不那么蛮横无理（尤其是针对美国），它越来越作为一个负责任的崛起中的大国行事——这也体现在它对于世贸组织中的不发达国家的支持上。[①]

总之，印度试图在经济、军事和外交方面追赶中国。它的人口规模几乎与中国一样大（很快会超过中国），尽管过高的文盲率给它带来了不少问题。近年来，印度的经济增长率出现了下滑，而通货膨胀率却保持在高位。因此，现在看来，我们很难想象印度将给北方国家带来严重的威胁。

巴　西

论面积，巴西在全世界排名第五。论人口，它无法与中国和印度相提并论。在进入 21 世纪以来，巴西的经济增长率在大多数时候落后于其他金砖国家（见表 3.1）。按照国内生产总值计算，巴西的经济规模相对更小，尽管它在人均 GDP 上要远远高于印度和中国。同时，巴西迄今为止还有着金砖国家中最高的不

---

① Narlikar（2013）.

平等水平，尽管在过去 15 年间一直在下降（见表 3.2）。① 巴西的监管环境也不是特别有利于经济活动的开展（见表 3.3）。巴西在军事方面的开支也较小，它也是金砖国家中唯一没有核武器的国家（见表 3.3）。巴西主要关注的是其国内的发展，同时，它也清醒地意识到，任何对外的野心都会招致其他国家结成反对联盟。

从积极的方面看，巴西政府的腐败程度要比其他金砖国家轻一些（表 3.3）。巴西的人口结构也相对年轻，20 岁以下和 60 岁以上的人口比例都较小，这预示着巴西的生产率能够继续提升，尤其是考虑巴西有着较高的识字率——根据经合组织的报告，巴西在改善其教育体系方面取得了令人瞩目的成绩。② 同时，巴西也实现了宏观经济的稳定，尽管它的货币正在升值，这有可能抑制它的国际竞争力。大量境外资本的涌入催生了巴西的泡沫经济，然而，如果外来投资因某种原因而撤离的话，这将有可能导致巴西经济的崩溃。巴西曾在 1999 年经历了一次这样的经济危机。因此，它最近指责美国以新兴市场为代价操控本国货币的做法。从更积极的层面看，巴西在一些关键行业中确立了坚实的技术基础，包括汽车、生物燃料以及航空。巴西是奶制品与其他农产品、矿石和石油的出口大国（巴西作为重要石油出口国的地位是与其新发现的大规模离岸石油储备联系在一起的）。在汽车用可再生能源的生产方面，巴西居于世界前列，这要归功于

---

① Centeno and Cohen（2012），pp. 165 – 166.

② 《纽约时报》（2013）。

政府的乙醇政策对甘蔗而非玉米进行补贴。与其他金砖国家一样，巴西经济最好被看作是国家资本主义——巴西拥有两大国有的跨国公司。①

在"二战"结束之初，巴西领导人推崇的是发展型国家模式。但是，1963 年的军事政变以及 60 年代末对于旧精英的清洗，为信奉新自由主义信条的一批经济学家提供了机会。这些人往往在美国接受教育，他们逐渐获得了影响力并最终对军人政府反戈一击，这推动了民选政府于 1985 年重新上台，民主制度进而得以确立。在 20 世纪 80 年代的债务危机之后，新自由主义者将曾经主导国家的那些人一脚踢开。现在，他们成为主要政治党派的座上宾（包括那些左翼政党）。

然而，巴西的新自由主义者却深受依附理论的影响。因此，从 20 世纪 80 年代开始，巴西的决策者们就推行贸易多元化的策略，目的是降低巴西对于北美和欧盟市场的依赖。因而，巴西是南方共同市场（Mercosur）的坚定支持者，同时也热衷对非洲国家开放贸易，尤其是在建筑、采矿和石油领域——21 世纪初期，这些行业在得到巴西国家经济与社会发展银行（National Bank for Economic and Social Development）的资金支持后发展迅速，并贡献了众多高附加值的出口商品。1994 年，在时任财政部长费尔南多·卡多索（Fernando Cardoso）的主持下，巴西发起了一项经济改革计划，利用审慎的财政政策（包括 1999 年的货币贬值）以及其他手段（包括贸易自由化），最终遏制了巴西自军人政权

---

① Guillén and Ontiveros（2012），pp. 15，41，60，118.

统治时期就一直面临的通货膨胀和其他经济问题。这也标志着在进入 21 世纪之后巴西走上了令人瞩目的发展轨道。[①]

　　巴西并不是联合国安理会的常任理事国，尽管它对此期待已久。同时，在过去的几十年间，巴西经济的表现突出，同时，它在国际体系中也享有政治上的安全，这使得巴西并不热衷于真正改变现有国际体系的结构。然而，这并不是说巴西缺乏国际视野。在卡多索总统任内，巴西的国际战略是与北方国家进行合作。2000 年之后的卢拉总统则调整了这一战略。现在，巴西的国际战略的首要目标是推动南南关系，以巩固巴西自身作为地区大国的地位。这样一来，卢拉政府已将巴西的外交政策推向左转，尽管它在呼吁帮助其贫穷的邻国的同时，仍在悄悄继续着其前任政府的中间偏右的经济政策。其次，在南北关系方面，巴西或是试图成为南方国家利益的代表，或是试图成为南方国家联盟的"撮合者"。因此，巴西将自己视为南方国家和北方国家之间的桥梁建造者。[②] 然而，我们不应当忘记这一点，即通过利用世贸组织规则来推进巴西农业公司的利益并不总是符合其他发展中国家的最大利益。但是，这一政策表明了巴西的经济实力与国家能力确实非同一般。[③]

　　总之，尽管巴西的发展取得了很好成绩，但是它并不构成对北方国家的威胁，甚至都不能算作是真正的挑战者，无论从经济、军事、政治或意识形态方面均是如此。事实上，巴西现在更

---

① Burges（2013），p. 583；Dezalay and Garth（2002）.

② Burges（2013）.

③ Hopewell（2013）.

为担忧的是，它在一些地方（比如非洲）正面临的来自于中国的竞争。①

结　语

我们所讨论的这些处于挑战地位的国家，均在其各自社会内部确立起了基本的秩序。同时，它们也能够有效地保卫其边界的安全。巴西并不面临着任何突出的外部安全威胁。出于对巴基斯坦和中国的戒心，印度已经大力提升了自身的军事能力（包括核能力）。中国与俄罗斯均不面临突出的安全威胁，事实上，它们最近还在耀武扬威——中国与日本在东海因领土争议闹得不可开交，而俄罗斯的军队则控制了乌克兰的克里米亚地区。在民族认同和国家归属感方面，巴西并不面临民族主义问题的困扰。印度则是通过政治和制度的渠道来遏制任何可能出现的民族冲突。（中国总体而言并不面临民族问题的困扰。）但是，俄罗斯的情形却完全不同：它一方面在克里米亚大打"收复领土"的牌，另一方面，又试图支配和控制邻国。

所有这些可以归结为简单一点：即便在今天的全球经济中，国家在塑造各自社会的发展轨道方面仍旧发挥着重大作用。我们发现尤为有趣的地方就是，在新兴大国中间，国家所发挥的作用也大不相同。中国的国家基于一党制之上，它有着现代化导向的共产主义意识形态，能够接受相当程度的经济自由化。这样一

① Burges（2013）.

来，国家就在如下方面发挥了重大作用：推动税收的分权化，以使下级政府能够更有效地利用各种资源；将部分（当然不是全部）国有企业进行私有化；操控货币以推动出口导向的增长；提供激励使民众从农村迁徙到工业化地区，为工厂提供劳动力；支持大规模的基础设施建设项目，包括修建大坝、铁路以及建立电信系统。与此同时，巴西也采取了类似的完全基于资本主义之上的发展型国家模式，在一定程度上印度也是这样，这两国的民主程度也要更高一些。俄罗斯国家在其后共产主义时期的发展中也发挥了强有力的作用，但是其所取得的成绩也相对有限。因此，在国家如何组织自身并推动经济方面，并不存在一种最佳的方案——无论对于全球北方国家还是新兴大国而言均是如此。

第四章 全球的南方国家

我们已经论述了成功国家能够提供秩序、安全和归属感,并为其所控制的社会带来富裕。这种类型的现代国家诞生于欧洲"达尔文式"的世界之中(Darwinian World),在那里,国家必须通过官僚体系的发展来榨取财政收入。但是,这样一来也大大提升了制度性的国家能力,包括提供司法服务,以及培育和保护经济活动——后者至关重要,因为商人们总是流动的,如果他们遭到不公待遇的话,他们就会选择"用脚投票"(进而增加了一国之敌人的权力)。相互竞争的国家与其社会之间的无休止的互动导致了三大剧烈后果。首先,这导致了进一步的制度发展。其次,随着时间的推移,多样化的语言和族群融合到它们所在的国家文化之中,独特的国家认同(national identity)出现了。[1] 最后,社会力量回应国家对于税收和征兵的需求。围绕国家的控制权而展开的争斗提升了国家认同、公民身份和民主。这进一步推动了制度的发展。[2]

---

[1] Smith(1986).

[2] Mann(1993).

现在我们将目光转向那些不成功的国家，它们受困于众多问题的泥沼之中而不能自拔。弱国家（weak states）在维持其边境内的秩序方面面临着极大的困难，这常常是因为它们无力培育一种共同的国家认同和归属感。这些国家缺乏制度能力。然而，它们仍旧能够"半死不活"（half-lives），因为不干涉的原则得到了国际社会的普遍遵守。但是，我们的讨论并不仅限于此。正如我们已经指出的那样，崛起中的国家和失效中的国家已经成为学术争论和政治讨论的核心关注点。我们并不否认这二者（即崛起中的国家和失效中的国家）的存在，但是，我们坚持认为，这种两分法式的思维是错误的，它无法把握第三世界中国家以及"民族构建"（nation building）的众多类型。因此，我们要对一些国家"勉强应付"的状况进行分析（这种分析是阐释性的而非全面的）——这些国家在探寻前路的同时，努力不引起外部世界的关注。

对于赢弱性的剖析

衡量国家赢弱、国家无力渗透和组织社会的最好指标是政治腐败程度、财政提取水平、贫困率、识字率以及少数族群参与政治权力以及共享国家认同的程度。[①] 最为极端的国家赢弱性表现为内战、无处不在的暴力以及难民潮的存在。

尤其当我们注意到弱国家的能力可能会有起起伏伏，这也需

---

① Wimmer（2013）.

要我们进行一些区分。① 国家的赢弱很少到达国家消亡的地步，即便是在索马里这样最为赢弱的国家，也仍有一些地区怀抱着对于国家的稳定预期。对于国家赢弱性程度的分析并没能带来明晰的理解，这主要是因为不同的指标指向不同的方向。相对来说津巴布韦的安全状况较好，但是，现在它的政治和经济则在经历着一场灾难。与之相比，伊拉克近来安全状况很糟糕，但其富裕程度和福利供给水平则相对较高——当然，这并不意味着，在美国入侵之前，萨达姆的铁腕统治就是完全成功的。显而易见的是，赢弱性可以表现为不同的形式。撒哈拉以南的很多非洲国家仅仅存在于地图之上，它们仅拥有"国家"的头衔，缺乏基本的渗透能力并面临着众多竞争性族群的挑战。相比之下，哥伦比亚受困于哥伦比亚革命武装力量游击队的侵扰，后者能够通过贩毒和绑架为其反叛运动提供资金。由于基地组织对纽约的袭击，（国际社会）对于国家赢弱性的关注大大增强，这也导致了进一步的混乱：很多人开始使用"失效国家"这个概念。如前所述，我们不赞成这个概念，因为它太过于"自我中心"，太过于纠结于他者的赢弱性为我们所带来的后果。不管怎样，从朝鲜到民主刚果共和国，从海地到缅甸——众多世界上的悲惨之地并没有为国际恐怖主义分子提供庇护所。此外，在伊拉克和阿富汗的很多恐怖分子，其行动主要针对的是国内目标而非国际目标。对于基地组织而言，至关重要的是社会网络（social networks）的存在——其中的一些社会网络存在于西方国家而非弱国家之中。此

---

① The Economist（2009）. 另见 Rotberg（2003，2004）。

外，我们还需要作进一步的区分。一方面，那种认为穆斯林国家都是弱国家的说法是错误的：很多阿拉伯国家具有一些弱国家的特征，尤其是存在低识字率、不可持续的高出生率以及政治压制，但并非所有的阿拉伯国家都是如此，那些处于伊斯兰中心世界之外的穆斯林国家也并非如此。[①] 另一方面，弱国家与疾病之间的相关度也很小。例如，南非面临着艾滋病蔓延的危险，印尼和越南则在应对禽流感方面疲于奔命。弱国家的一个特征就是在任何时候都要考虑应对某种至关重要的威胁。毋庸讳言，许多弱国家（或许尤其是一些西非国家）是成功的：它们成为了掠夺者，它们通过资本外流为少数人谋取利益，但与此同时，却损害了大多数人的利益。

　　正是由于这些复杂性，我们有必要指出后来的国家构建者所面临的四大困难。[②] 但是，我们同时也要提出一个警告，即我们应当避免崇拜强国家。纳粹德国曾杀死了数以百万计的人口，它在恐怖和羞辱之中崩溃。在这里，有一点是十分重要的，即人们不应当理所当然地模仿西欧国家构建的路径。

　　首先，在世界上的很多地方，地理条件抑制了国家构建的努

----

　　① Stepan and Robertson（2003）. 当然，对于不同国家的评判也不尽相同。例如，阿拉伯联合酋长国和卡塔尔均是阿拉伯国家，但它们的识字率却很高而出生率较低；它们的压制性也无法与其很多邻国相提并论——例如，卡塔尔就支持阿拉伯之春的起义；它们的人均国内生产总值至少与居于前列的西欧国家处于同一水平（美国中央情报局 2014）。巴基斯坦并不是一个真正的弱国家，这个国家的大部分地方均处于国家的控制之下。但是，巴基斯坦无法控制其边境省份，而巴基斯坦的总统也无力控制国家。

　　② Lange（2010）.

力。在撒哈拉以南非洲尤其如此。① 在那里，干燥的气候和热带条件使得这一地区仅能支撑很小规模的人口——需要指出的是，这里的人口常常享有随意迁徙的权力，这使得他们能够逃脱被控制的命运。那些山地国家的状况也大同小异：人口密度很低，游牧人口既知道如何赢得争斗，也知道如何逃之夭夭。② 尼泊尔、巴基斯坦和阿富汗都面临着在这样的环境下构建国家的难题，高加索地区的国家的命运也同样如此。

其次，经济资源能够导致国家构建的困难，尽管是通过一种直接而负面的方式。一方面，一些国家拥有一些易被掠夺的资源，主要集中在特定的地理区域，并且很容易以国家控制之外的方式进行交易。带血的钻石以及可卡因和鸦片这样的毒品均是这类的资源。③ 当一些非国家群体涉足这些资源，它们便能轻松地挑战国家的权力。20 世纪 90 年代的塞拉利昂就是如此。今日阿富汗的情况或许也相差无多——在阿富汗，毒品利润为叛乱分子提供的报酬要远大于国家正规军队所能拿到的军饷。另一方面，我们必须记住的是，国家需要资源来获得主导地位。这一点十分重要。一个贫穷的社会不可能为国家构架提供太多空间。④ 同样重要的是，处于贫穷社会之中的国家倾向于通过扩大国家机构中的就业人数来购买忠诚，这常常会损害贤能原则，而这又对于构建强有力的官僚体系是至关重要的。

① Herbst（2000）.
② Fearon and Laitin（2003）.
③ Snyder and Bhavnani（2005）.
④ Collier（2000）.

第三，在努力构建和增强其国家结构方面，（国家构建的）后来者面临着体系性的困难。其中，最为重要的是帝国主义的影响。例如，在英国直接统治的本土与其间接统治的广大区域之间存在着体系性的差别。宗主国总是试图以最廉价的方式榨取（殖民地的）资源。因此，它们在殖民地的统治核心规模很小，其统治要依赖于家长主义以及时不时使用强制力。[1] 这些赢弱的"利维坦"面临着内聚力不强和内部分裂的问题。去殖民化运动并没有为殖民地留下国家构建的基础支柱，留下的仅仅是各式各样的真空地带。

最后，国家构建受到国家认同问题的困扰。一方面，殖民统治者没有任何动机为殖民地构建一个共同的国家认同：他们秉承的种族主义原则意味着对本土民众的全面排斥，这也导致本土民众后来对国家机构的质疑和敌视。另一方面，为了更好地进行统治，帝国主义者常常采取"分而治之"的策略，这使得共同国家认同的出现更为困难。帝国主义者确定族群身份的方式尤其具有破坏性，他们常常为了获得某一群体的支持而打击另一群体。[2]"分而治之"的策略常常因为专业化中间人的介入而变本加厉。例如，英国人将很多南亚人带到了其东非和加勒比海地区的殖民地。在最坏的情形下，这种分裂遗产会导致极为恐怖的后果。在这方面，近年来最为显而易见的例子就是胡图族人和图西族人之间的冲突。此外，在很多学者眼中，族群碎片化还对经济

① Corbridge et al.（2005）.

② Mamdani（2001）.

绩效有着破坏性作用：这一方面是因为各方很难达成一致，另一方面是因为缺乏持续性的相互合作与自我牺牲的精神。[1] 如我们已经指出的那样，排斥很可能带来激进化的后果。有充分的证据表明，在弱国家中的情形便是如此：常常是排斥导致分离主义的企图，进而最后会升级为内战。毋庸置疑，通过这样一种负面的循环，所有这些都导致国家构建进程难以得到必要资源的支撑。

在那些不为外界所关注的国家，包括海地、东帝汶、尼泊尔、索马里、阿富汗、苏丹以及一些西非国家，上述诸因素的作用表现的最为明显。上述很多国家为冲突所困扰，其中，几乎有一半的国家在达成和平协议 10 年内便又重回到冲突的境地。例如，在过去的 20 年间，仅非洲便花费了 3000 亿美元。即便如此，非洲大陆仍旧充斥着一些缺乏最基本能力的政权：每年有200 万人死于艾滋病，每天有 3000 名儿童死于疟疾，有 4000 万儿童根本没有受教育的机会。[2] 最能代表这些国家境况的一个图景就是，居住在首都的国家领导人没有途径去了解国家其他地方正在发生的事情。在某种意义上，生活在先进世界中的读者们不应当对于这样的图景表现出惊奇。正如财政社会学的基本观点所表明的那样，直到有史料记载的后期，他们自己所在的国家也一直面临着缺乏国家能力的问题。但是，这里还是存在着一个不同之处。在那些处于先进世界的国家之中，国家能力事实上会随着时间的推移而急剧提升——随着国家在公共卫生和经济竞争力方

---

① Posner（2004a）.

② Ghani and Lockhart（2008），p. 22.

面承担起更大的责任，国家能力的这种提升还会继续。与之相比，本段所提及的那些国家的国家能力却在下滑之中，这使得国家失去了基本的渗透能力。在这方面，最为经典的例子或许就是刚果民主共和国（前扎伊尔）。在民主刚果，殖民时期留下来的公路体系现在已经崩溃了。同时，我们还要考虑到，这样具有掠夺性的政权有时却拥有充分的能力为其领导人及其附庸向国外转移资本找到本土化的渠道。蒙博托治下的扎伊尔就是这方面的典型。

　　此类国家的特征源于战后国际秩序的性质。不干涉他国内部事务的原则成为世界政治的基石。由之而来的就是一些准国家（quasi-states）的出现，它指的是这样一些国家，其存在更多地取决于国际承认而非它们在统治其领土方面的实际能力。① 这一原则并非是先进世界中的国家强加给后发展国家的结果。相反，这一原则得到了非洲统一组织的采纳和支持——在不干涉他国内部事务方面，非洲统一组织走得很远，甚至与时刻准备谴责尼雷尔（非洲统一组织的奠基人之一）在颠覆乌干达狂暴的阿明政权中所发挥的作用。非洲统一组织如此彻底地遵循这一原则是完全可以理解的。很多非洲国家的边境线是由殖民宗主国划定的，这些殖民宗主国很少考虑到先前存在的社会群体的状况。边界的这种"虚幻的现实"使得非洲国家极力维持各自的边界。由于每个国家都是人为制造的结果，因此，调整或是过度简化边界问题都会带来灾难性后果。

---

　　① Jackson（1990）.

无论何时何地，国家的力量取决于其从社会中提取税收的能力。如前所述，欧洲国家生存于一种竞争性的环境之中，它们被迫从各自社会中提取更多资源：没有国家可以坐视不管，它们都被迫接受那些军事、经济和意识形态方面的创新，以维持自己的生存，而这些创新都是由欧洲的强国首先采纳的。相比较而言，非洲——以及拉美（出于不同的原因）——的情形却是避免了国家之间的军事竞争，这一结果是由于在战后遵循联合国所确立的不干涉原则所致。① 因此，这些国家的财政提取能力很弱，在它们之中，很多国家的收入的很大比重源自于外部世界的援助。国家与社会之间的有限的互动意味着公民政治（citizenship politics）很难得到发展。毕竟，有限的征税意味着公民没有经济方面的动机要求国家提供新的权利（作为交换）。同样重要的是这对国家认同的形成造成严重障碍。随着时间的推移，欧洲的族群和语言多样性最后融合成为一种单一的民族文化，当然，这也与共同的战争经历以及共同面对战争的惨痛后果联系在一起。非洲各国内部的多样性常常因为帝国主义国家的行径而进一步被强化，无法以类似于欧洲的方式得到缓解。国家认同常常无法得以构建。

如果这些背景性条件造就了非洲的弱国家，那么，很清楚的一点就是，在很多非洲国家，国家能力的弱化已经持续了很长的时间。② 最为关键的就是国家财税能力的萎缩，尤其以非洲国家

① Centeno（2002）；Herbst（2000）.

② Bates（2008）.

为甚。原因之一来源于各自国家内部：一党统治常常导致垄断性权力的出现，这会严重损害经济发展。但同时也有一些外部的原因，尤其是冷战结束之后出于地缘政治考虑的外来援助的减少以及石油价格的震荡。在这些情况之下，国家变得更具有强制性，掠夺替代法治的可能性便会陡增。

这并不是去否定其他因素也在起作用。赤贫使得国家构建变得困难。但是，在这里，我们也需要一定的审慎和怀疑精神。越南曾经很贫穷，但这并没能阻碍越南的发展。相较之下，津巴布韦相对更为富裕些，但这并没能阻止津巴布韦的衰落。这些不同的发展轨迹最好通过各自国家的不同性质来解释（提供便利还是进行掠夺）。① 同样，石油和钻石也并不是在所有国家都会造成国家的羸弱。相反，这主要是因为国家本身的羸弱导致叛乱分子得以控制这些资源。同样清楚的是，导致内战的族群冲突常常是由于国家羸弱造成的——在一些案例中，国家面对着一群 AK47 武装起来的孩子都无法维持基本的秩序。② 这并不是要否认塞拉利昂冲突、卢旺达冲突以及刚果民主共和国今天仍在继续的冲突所导致的灾难性后果。但是，在这里，复杂的因果关系模式应当被澄清：贫困、可掠夺资源的诅咒以及族群冲突都是国家羸弱导致的结果，反过来，它们也进一步导致国家羸弱性的加剧。

制度的虚弱为我们带来了一幅令人沮丧的图景。但是，当我们考虑到后来者们所面临的任务的时候（实现社会现代化），这

---

① Easterly（2008），p. 52.
② Laitin（2008），第一章。

幅图景就会变得更令人绝望。这是我们认真思考后得出的一个论断。首先，与现代化理论的倡导不同，这些国家完全缺乏推动发展的能力。但是，相关的意识形态——即为了推动发展必须进行权力集中的理念——却得到了广泛的接受。意识到这一点十分重要。它为独裁统治提供了合理性——除了掠夺各自所在的社会之外，这些独裁政权基本上无所作为。这就为我们指向了最后一点，即民主化时刻的到来常常导致无政府状态而非巩固的秩序。[①] 民主的开启（democratic openings）常常为一些恶势群体的兴起和自我组织打来方便之门。例如，在塔利班垮台之后，贩毒集团便在阿富汗兴风作浪。这期间所涉及的两难状况可以通过观察一位研究非洲国家的顶尖学者自相矛盾的观点而窥豹一斑。在《何时分崩离析》一书中，罗伯特·贝茨（Robert Bates）分析了民主化的很多风险。在分析了恶势群体的兴起以及局势失控的可能性后，贝茨坚定地认为，只有当存在对掠夺性政权施加控制的方式时，民主化的进程方可得以展开。[②]

因此，我们不难发现后发展国家所面临的重重困难。一方面是需要国家权力，但是另一方面，却拥有着不恰当的国家权力——掠夺性的权力而非推动发展的能力——这更多的是抑制了发展，而非推动了发展。这就提出了对民主的需要，但是，急剧的民主化却有可能释放出导致国家分崩离析的力量。但是，还有可能出现更甚的情形。一个例子就是罗伯特·穆加贝（Robert

---

① Posner（2004b）.

② Bates（2008），pp. 108–20, 136–7.

Mugabe）统治下的津巴布韦。马穆达尼（Mamdani）提出了这样一个问题，即为何穆加贝政权持续了如此之长的时间？[1] 而那些简单对穆加贝政权进行道德谴责的人经常无视这个问题。最为显见的一个基本原因就是，在进行权力移交时，英国人根本就没有触及土地占有的不平等问题。土地再分配总是可能会得到民众的支持，考虑到先前游击队力量的存在，土地再分配从政治上看也是必要的。帝国主义国家曾经将一些外部群体带到了非洲，其中有一些后来被驱逐了（比如在乌干达的亚洲人以及在津巴布韦的外来农民），这种状况很令人忧虑。将来这样的情形可能还会更多，尤其是在南非。

对于上述情形，西方世界有两种政策回应。美国政治学者杰弗瑞·赫伯斯特（Jeffrey Herbst）对于欧洲和非洲不同国家构建路径的分析是基于严密的逻辑之上。他提出了一种有些残忍的主张，即不干涉内政的原则应当被抛弃，进而，欧洲式的"巩固国家"的战争便能为非洲带来凝聚力、征税能力和公民权。[2] 与之完全不同的是，自由人道主义者则呼吁先进世界中的国家要更加积极地进行干预——他们被电视上看到的情形所震惊。保罗·科利尔（Paul Collier）是牛津大学的一位经济学家，也是位重要的思想家。他呼吁对弱国家进行军事干预，这样才能终结这些国家内部战争。在科利尔看来，这是所有类型国家的发展前提。[3] 另一种更为温和的观点则认为，西方可以介入到弱国家的管理之

---

① Mamdani（2008）.

② Herbst（2004）.

③ Collier（2000）.

中，强国家和弱国家可以就此实现权力分享。① 在我看来，这些都是很危险的建议。如果我们从一个不同的视角（即从这些国家自身的视角）看待这些极为羸弱的国家的境况，那么，很明显的是，我们就不应当将它们看作是残暴和悲惨境地的温床（当然，它们常常制造出这样的残暴和悲惨境地）。我们的出发点很简单，即我们不应当忘记西方历史上的恐怖与残暴。意识到西方在这些方面的"罪恶"有助于我们更清楚地理解西方特定的"善"。因此，我们不会采纳上述援引的种种建议，这其中既有事实性的原因也有规范性的原因。

关于 20 世纪欧洲历史的第一个不应遗忘的关键事实就是，这是一段极为血腥的历史，在人口迁徙、种族清洗和大屠杀中，大约有 7000 万人被杀害。在 19 世纪中叶之前，国家间的竞争带来了经济和社会进步。但是，在这之后，灾难接踵而来。之所以出现这种转变，一个简单的原因就在于，工业手段应用于战争后所带来的极大破坏性。但是，更为重要的是民族主义与帝国主义相结合的方式。各个大国逐渐意识到，占有一个帝国将为它们各自的生存提供必需的资源供给和市场。与此相联系的是这样一种观念，即民族同质性是社会成功（发展）的必要条件。在东欧和中欧，民族觉醒早于国家的巩固（换言之，在这些地区，多元的民族性还没有融合成为单一的国家文化），因此，它们必然受到了这种观念的影响。但是，这一观念同样影响了民族相对同质的国家，比如，德国曾不遗余力地驱逐犹太人，并在其通过战争

---

① Krasner（2005）.

而征服的东部领土上清洗斯拉夫人。这些因素结合在一起使得欧洲成为现代世界中的黑暗大陆。一个令人心酸的事实就是，西方的自由民主制部分基于历史上发生的种族清洗之上。这应当给我们敲响警钟，即在鼓励他者采纳我们的发展模式时应变得更加审慎。赫伯斯特至少在承认曾发生的事情方面是坦诚的，但是，假若他的建议被采纳的话，由此而导致的死亡人数将会让人不寒而栗。

有关西方的另一些同样重要的思考应当同样占据我们关注点的中心。首先，在建议进行干预时，即便在干预是必要和值得的极端案例中，我们必须慎之又慎。[①] 考虑到民族主义原则主导着世界政治，随着时间的推移，那些起初得到（当地人）欢迎的（外国）军队将逐渐被视为是占领者。不仅如此，现在还有这样一种可怕的趋向，即那些主张干预的人并不考虑他们的政策会导致怎样的后果。对于进行干预的力量而言，（当地人）日益增多的敌意之所以重要，就在于它会极大地增加干预的成本。经常的情况是，在施以帮助的愿望与支付成本的意愿（无论是经济成本还是人力成本）之间存在着脱节。维系自由干预主义（liberal interventionism）的制度十分羸弱。干预之后的撤离可能会导致灾难性后果，过去十年间美国对于穆斯林世界的干预就是这样的例子。[②] 在这里，需要强调的是虽不显见但却很重要的两点。第一，西方现在的制度并非完美无缺。恰恰相反，西方制度的核心

---

① Easterly（2008）.

② Rashid（2008）.

弱点就在于，它既缺乏深思熟虑的外交决策，又无行动之能力，同时还无力接受国家行动所导致的后果。第二，西方主导着世界政治的结构，而发展中国家有时会受到这一现实的负面影响。失败的干预就是很显然的例子，但是，新自由主义的重组性政策（restructuring policies）同样也会给发展中国家带来负面影响，因为它们常常会破坏增强国家权力的努力。今日的状况使得我们有必要进一步提出一个论断：西方制度的失败以及这一失败对于本章所讨论的"社会世界"（social world）的影响，还导致了另一后果，即资本主义社会的核心区域内缺乏秩序。① 考虑到西方先进国家所面临的困难，一个很难改变的现实就是：那些最为羸弱的、欧洲之外的国家将遭受到更大的痛苦与磨难。

弱国家的希望来自于其内部，即要进行制度改革，借此帮助它们更好地履行秩序、安全和归属感等基本职能。在这里，我们希望能够超越我们上面刚刚提出的那些（初步）评论。后发国家的境况并不必然是那么黯淡，尽管摆在弱国家面前的道路充满了艰难险阻。与我们上述描述不相吻合的事实就是非洲在过去十年间所取得的成功。在 2005 年至 2013 年间，整个非洲大陆真实GDP 的年均增长速度达到了 5.4%。② 我们可以赞比亚为例。很多年来，赞比亚一直深受内部族群冲突之困，导致整个国家动荡不安。但是，当赞比亚决定努力改革自身的政治制度后（尤其是制定选举法），原先被排斥的族群被赋予政治表达权，他们的政

① Reinhart and Rogoff（2008）.

② 非洲经济展望（African Economic Outlook）（2014）。

治不满便大幅下降。现在，赞比亚在人均国民收入、入学率和人均寿命方面都在取得进步。尽管不平等和贫困状况依然严峻，但是，在2005年至2013年间，赞比亚实际GDP年均增长速度超过了6%。[①] 赞比亚的例子提醒我们，要意识到"失效国家"（failed states）一词的限度，进而也使得我们能够以这样乐观的文字结束这一部分的讨论。

勉强应付

衡量当今中等规模发展中国家的一个办法就是首先看那些"缩写"的流行程度。最新出现了这样一个"缩写"——MINT，指的是墨西哥、印度尼西亚、尼日利亚和土耳其。而最近对于"Next 11"的讨论，则将孟加拉国、埃及、伊朗、巴基斯坦、韩国、菲律宾和越南纳入到新兴国家的行列。此外，BRIC这个缩写常常遭人质疑，因为它没能将南非和土耳其囊括在内。在讨论这些国家之前，需要指出的是，它们不应当与我们在上一章所讨论的那些大陆规模的大国相提并论。这些国家对世界经济的影响不可能和中国、巴西以及印度一样大。这些国家的规模要小很多，这同时也就意味着，它们对于世界经济秩序的潜在挑战也会相当有限。同样不应忘记的是，当今世界经济的实际规模是1992年的两倍。这也将降低这些国家对世界经济的影响。[②] 但

---

① 美国中央情报局（2014）。
② *The Economist*（2013a）。

是，这些国家仍将会有发展，尽管发展的路径大不相同。一些路径要比其他路径更为民主；一些国家政治制度的官僚化程度要比其他国家更高，腐败也更少；一些国家的国有经济成分要比其他国家多；一些国家的民族主义鼓噪要强于他国；一些国家在自然资源的禀赋方面要好于他国。我们将通过对比三对国家来阐述这些不同的路径，此外，我们还将提出两个评论性看法。

长久以来，南非的种族和族群分裂一直是压迫、贫困、不平等以及经济增长停滞不前的根源。但是，自从种族隔离制度终结之后，南非已经取得了重大进步。1994 年以来，南非非洲人国民大会（African National Congress，ANC）均以较大优势赢得了南非的历次选举，现在它仍旧能够得到 60% 左右的选票。作为一个新生国家的奠基人，纳尔逊·曼德拉发挥了非同寻常的作用。这也是从白人少数统治向黑人多数统治转型过程尤为顺利的原因之一。"真相与和解委员会"（The Truth and Reconciliation Commission）同样发挥了一些作用，它使得人们能将过去的恐怖弃之一旁，进而轻装前行。在种族平等方面取得了重大进步。1994 年，南非工程学专业的学生中，黑人与白人的比例为 1 比 44。时至今日，双方的差距已经被拉平。大约有超过一半的黑人拥有银行账户，而在 20 年前，这一比例仅为不到五分之一。黑人在专业人员中仍旧是少数，但是，其比例却在不断提升。今天，大约有 40% 的高级经理是黑人，而在 1994 年，这一比例仅为 4%。此外，南非的年均经济增长率逐年提高，在 2008 年金融危机之前，年经济增长率达到了 5.5% 的顶峰，现在则回落到年均 2.2%。不仅如此，贫困率从 1994 年的 41% 下降到 2013 年的

31%，而直到金融危机之前，出口占国内生产总值的比例一直在提升，所吸引的外来直接投资也在逐年增加。南非在众多社会和基础设施指标方面取得了进步，包括人均寿命、教育开支、互联网普及度、手机普及度、住房状况以及清洁饮用水等方面。这些进步要归功于南非庞大的矿产财富、完善的金融市场、充足的基础设施投资以及其他国家对于南非出口商品日益增长的需求（尤其是来自于金砖国家的需求）。南非是唯一一个加入二十国集团的非洲国家。

尽管如此，南非面临的问题依然棘手。随着人口的增加，失业率也水涨船高。现在的失业率大约是25%，这还不包括那些已经对找工作绝望的人。因此，如果按照世界的一般标准来看，南非仍旧是一个高度不平等的国家：2005年的基尼系数高达0.63，可以说是举世罕见。人均寿命在过去20年间实际上出现了下降，这很大程度上是由于姆贝基（Thabo Mbeki）总统任内（1999年—2008年）缺乏有效应对艾滋病的政策所导致的结果。此外，尽管南非近年来在改善基础设施方面做出了一些努力，但其仍旧面临着基础设施方面的严峻问题，尤其是间歇性的能源短缺问题。政治腐败仍在加剧，尤其是在非洲人国民大会内部——考虑到非洲人国民大会在政治生活中的主导地位，这样的结果并不令人感到惊讶。最近曝光的一个例子就是，祖玛总统的私人住所花费了2500万美元的税收收入。针对公共服务缺乏和腐败的暴力游行和罢工此起彼伏。此外，尽管在过去20年间南非的犯罪率已经下降了一半，但是，南非仍旧是世界上犯罪率最高的国家之一。例如，南非的谋杀率尤其高，大约为每10万人中就有 30.9 人被杀，而在美国，这一数字仅为 4.7。①

　　当然，如果与非洲另一大国相比的话，南非的这些问题就是相形见绌了。尼日利亚现在是非洲最大的经济体，2013 年的国内生产总值为 5100 亿美元，高于南非的 3700 亿美元。在过去的十年间，尼日利亚国内生产总值年均增长 7%，也要高于南非。当然，这很大程度上得益于尼日利亚庞大的石油与天然气产业，大约占其国内生产总值的比例为 14%，并且吸引了大量的外国投资。尤其需要指出的是，尼日利亚拥有 1.7 亿人口并且其人口规模仍在继续扩大（尼日利亚人口占撒哈拉以南非洲所有人口的 20%）：根据联合国的预测，尼日利亚人口规模将在 2050 年增加到 4.4 亿。因此，尼日利亚的失业率或许将进一步恶化（尽管其 2011 年的失业率已经高达 24%）。此外，尼日利亚的贫困人口规模实际上增加了，占总人口的比重达到了惊人的 70%。不平等状况也令人瞠目结舌，其基尼系数高达 0.44。尽管其能源业的收入颇丰，但尼日利亚的人均国内生产总值仍旧很低，仅为 2700 美元，大约是南非的一半。大多数尼日利亚人每天的生活消费低于 2 美元。同时，尼日利亚也面临着基础设施落后的问题，包括道路状况糟糕（常伴以交通堵塞）以及频繁的电力紧缺问题。正如我们业已讨论的那样，自然资源并不能确保带来发展和繁荣，除非存在一个强有力的国家能够妥善利用这些自然资源。

──────────

　　① 南非的数据来源于世界银行（2014）、*The Economist*（2014a）以及美国中央情报局（2014）。

不幸的是，尼日利亚的国家能力要远远落后于南非。这里存在一定程度的路径依赖问题：在殖民时期的尼日利亚，殖民者推行的是"间接统治"，而在殖民时期的南非则存在很大规模的殖民定居者。换言之，在尼日利亚，殖民者几乎没有留下什么印记，而在南非，殖民者留下了丰厚的制度遗产。因此，尼日利亚在推动立法改革方面困难重重，它也缺乏有效的产权登记体系，尤其是，尼日利亚的司法体系以行动迟缓闻名于世。更为重要的是，国家从来无力压低工资水平以将经济剩余用于发展目的——这部分是由于国家面临的民主压力（democratic pressures）。因此，石油收入或是被精英们中饱私囊，或是用于满足当下之需（尤其是在选举期间）——这些选举似乎更像是被"安排好的"，而不是大众控制的真正表达。尼日利亚是个悲惨的例子，这恰恰是由于"从天而降的"石油收入至少使人们对出现强有力的国家而充满了想象，而这样的国家最终能够推动发展。腐败无所不在且破坏性极强。尼日利亚中央银行行长曾指出，2013 年，200亿美元的石油收入不翼而飞。在发表这番言论的数天之后，他就被解除了职务。征税体系的效率极为低下，进而抑制了国家维持秩序和保护公民的能力。绑架事件不绝于耳，甚至成为日常生活的一部分。在 2013 年，尼日利亚发生的绑架次数占全世界的26%，这使得世界上所有国家无不出其右（居于第二位的墨西哥发生的绑架次数占全世界的10%，而巴基斯坦则占7%，屈居第三）。绑架成为一个有利可图的行当。大多数公司以及组织都不情愿地选择支付赎金，因为尼日利亚国家在这方面无力提供帮助。

比夫拉（Biafra）分离主义导致了惨痛的内战，其背后原因是由于地区间差异。尽管这场冲突已经过去很多年，但是，尼日利亚南北双方在族群和宗教方面的紧张关系却仍在加剧。自2009 年以来，博科圣地（Boko Haram）组织一直盘踞在尼日利亚的东北部，但是，政府在应对这些伊斯兰极端主义分子时却笨拙不堪。最近，博格圣地组织绑架了 200 多名女学生，这引起了国际社会的极大关注，但是尼日利亚政府能做的却极为有限。尼日利亚政府与博科圣地组织的冲突估计已经导致超过 4000 人丧生，其中很多人死于尼日利亚军队混乱的反击行动中。事实上，尼日利亚士兵一直以来与恐怖分子和叛乱分子齐名，他们抢劫勒索，无恶不作。联合国估计，近来的这场冲突已经造成了大约40 万人流离失所。①

对这两个非洲国家的比较很能说明问题。两国都在经历着经济发展，但是，与尼日利亚相比，南非在维持秩序和克服族群分裂方面更为成功。尼日利亚既缺乏关键的制度能力，又无力将伊斯兰极端主义分子绳之以法。正如我们预计的那样，国家构建（state and nation building）的程度似乎很好地解释了（两国间的）差异并有助于预测接下来可能会发生什么。

有三个原因促使我们将印度尼西亚和土耳其放到一起进行比较。首先，两国都曾经历了大规模的社会改造过程（social engineering）。土耳其改革了其文字并采取了大规模的西方化措施

---

① 尼日利亚的数据来源于 The Economist（2013e, 2014b）、Kohli（2004）［第四部分］、美国中央情报局（2014）。

（包括世俗主义以及妇女权利），同时还推广新的全国性语言——后者竟然被最终接受。其次，在印尼和土耳其，军队作为现代化的推动者均发挥了核心作用。在必要时，两国军队均认为自己有义务进行军事统治，以推动社会继续前进。第三，两国均有穆斯林人口，尽管东南亚地区的伊斯兰教从性质上与其起源地相去甚远。当然，现代沟通工具的出现也使得印尼受到了一些伊斯兰清教主义（puritanism）的影响。

　　挟着成功镇压共产主义的余威，苏哈托于 1967 年上台。此后，苏哈托在一个以腐败而臭名昭著的独裁政权中执掌权力长达三十多年。尽管军队如今已不在台上掌权（这并不仅仅是因为它在防止东帝汶独立的过程中所遭到的耻辱），但是，军队的影响力依然能够被感知：苏西洛·班邦·尤多约诺（Susilo Bambang Yudhoyono）曾在 2004—2014 年间担任印尼总统，他本人就是一位退休的将军。印尼国内的冲突常常围绕宗教民族主义而展开（religious nationalism）。但是，印尼还是取得了一些进步：2005 年的和平协议允许引入伊斯兰教教法（Sharia Law），这最终平息了亚齐地区的分离主义。印尼的历史特殊性就在于，要将如此充满多样性的土地凝合在一起，随着印尼转向了包容性政治，这一进程将得到进一步巩固。

　　毫无疑问，印度尼西亚在经济方面取得了显著的进步。在过去十年间，印尼经济年均增长率大约为 6%，这部分归功于稳健保守的财政政策以及有限的债务负担。在 1999 年至 2012 年间，印尼人均国内生产总值翻了一倍多，而贫困率则从 24% 下降到了 12%。然而，尽管生活水平普遍得到了提高，但是，不平等状况却在恶化。在 21 世纪的前十年，印尼的基尼系数从 0.29 上升到 0.37。经济增长主要源自于矿石、鱼产品和棕榈油的出口（尤其是对中国的出口），这也意味着，印尼经济尤其容易受到中国需求状况的影响。印尼的银行和金融体系也充满了脆弱性，它对于美国投资以及本国货币价值的变动十分敏感。[①]

土耳其所取得的进步也令人印象深刻。由于为库尔德人提供了包容性的政治渠道，土耳其现在的社会稳定程度大为改观——与库尔德工人党的斗争导致超过 3 万人丧生。对于库尔德语言和库尔德文化的限制逐渐取消，而这最初目的是土耳其为了提升自己加入欧盟的几率。尽管如此，紧张状况仍未缓解，暴力事件也时有发生。因此，在土耳其，民族主义的问题仍未最终解决。事实上，我们不得不承认，围绕民族认同展开的斗争有了新的战场。为了巩固自己的影响力，埃尔多安（Erdoğan）总理期望能成为土耳其总统，而土耳其世俗政权则开始感受到埃尔多安总理所强加的日益增长的宗教方面的压力。同样重要的是权力所带来的傲慢：最近土耳其发生了针对伊斯坦布尔市中心一所公园的游行示威，但却遭到了当局的暴力镇压，这种应对方式导致了一种一般性的政治化（不仅仅是媒体和司法体系的政治化）。有大量的证据表明，土耳其的新精英们卷入了腐败的地产交易之中。

当然，土耳其无疑取得了经济上的进步。20 世纪 90 年代土耳其经历了严重的通货膨胀和经济不稳定。但是，埃尔多安政府的相关政策稳定了经济局势并推动了经济增长。现在，土耳其的

---

① 印度尼西亚的数据源自于美国中央情报局（2014）。

出口商品包括各类农产品以及家用电器、纺织品和服装。土耳其的造船业也居于世界前列。因此，土耳其的年均经济增长率尤为令人瞩目：在 2000 年到 2008 年间达到了年均 6%，而 2010 年和 2011 年的增长率高达 9%。然而，对于土耳其经济的担忧也在增加。土耳其经济主要由借贷支撑的私人消费和房地产投资来驱动——后者部分得益于来自于美国的大量"热钱"以及土耳其人为制造的低利率。尤其是政府将一些丰厚的大规模基础设施建设合同（例如机场）授予了一些土耳其的建筑公司，而不是致力于为工业投资提供便利。更糟糕的是，由于土耳其存在相当程度的经常账户赤字以及超过 9% 的失业率，土耳其里拉的价值在过去几年一直面临着压力。①

　　印尼和土耳其经历了大规模的社会改造过程，两国的发展均伴随着极大的痛楚；考虑到两国的军事统治都被遏制，印尼和土耳其都有着光明的发展前景。军人统治的后撤使得人们对于缅甸重燃希望，但对埃及却心生忧虑。但是，我们不得不先将缅甸和埃及的例子放在一边，我们现在需要做的，是给出我们对于伊斯兰教在当今世界上的作用的一般性看法。尽管那种认为存在一般性的"文明冲突"（借用萨缪尔·亨廷顿的说法）的看法必定是错的，但是，我们也能够探寻到真正冲突的一些源头。尤为重要的是，我们不应当将伊斯兰教"概略化"（essentialize），不能将其想象为铁板一块。首先，穆斯林主张（Muslim sentiment）之所以能产生力量，恰恰在于它与国家对待其民众的方式联系在一

---

① 土耳其的数据源自于 *The Economist*（2014c）、美国中央情报局（2014）。

起。更进一步，伊斯兰教并非内在地反对民主和民族主义。后一点尤为重要。一种共享的、基于独特民族语言之上的民族认同能够将民众整合在一起，进而抑制任何强有力的、国际性的穆斯林主张的出现。换言之，当一个人说源于伊斯兰世界的"国际恐怖主义"时，必须要十分谨慎，因为，大多数这些或那些恐怖主义分子针对的是其当地的目标。但是，也存在一些试图挑战既有秩序的群体——他们常常采取一些缺乏理智的行动，有时候会恶化紧张局势。这些群体大都源自于伊斯兰教的中心地带，在那里，阿拉伯语是占主导地位的语言，这也就排除了那些民族语言——但独立的国家构建过程却不得不基于这些民族语言之上。换言之，民族主义能够抑制伊斯兰主义（Islamism）。[①] 在这些国家中，民族认同深化（national deepening）的过程尚未完成，而在这个过程之上则是国家的军事化。这一事实也解释了为何中东是当今世界政治危险的前沿阵地。

最后我们要比较一下两个拉美国家，即智利和墨西哥——两国均受到美国的极大影响（尽管方式不同）。1973 年血腥的军事政变终结了智利的社会主义政府，将奥古斯托·皮诺切特（Augusto Pinochet）将军的右翼政权推上台。而在此之前，智利有着长期成功的民主历史。美国不仅支持此次政变，它还向智利派出顾问，指导后来的新自由主义经济改革。皮诺切特将很多公共服务私有化，包括教育、医疗、退休金以及水和电力供给。他还解除了工会的权利、取消了集体协商，并且粗暴地践踏人权。政治体

---

① Mabry（2015）.

系被操控，使得任何反对派都难以控制议会。然后，皮诺切特最终同意在 1990 年进行一场连任的选举，但他却铩羽而归。此后，中左和中右政权一直执政，二者均想方设法使军队远离政治。

皮诺切特的政策、后来的改革或是其他因素是否奠定了智利后来令人瞠目的经济发展的基础？对于这一问题存在很大的争论。无论这些争论孰是孰非，一般认为，智利现在实行的是"反经济周期"（contercylical）的财政政策，即，在经济增长和铜价高位期间将经济剩余存入主权财富基金，而在经济收缩和铜价下跌时再进行赤子开支。从 2003 年至 2013 年，智利年均经济增长率达 5%，其出口货物和服务占其国内生产总值的约三分之一。智利拥有强有力的金融制度，其通胀率不足 2%，失业率约为 6%。智利现在的主权债券评级（sovereign bond rating）在拉美居第一位，这一点并不令人感到意外。在消除贫困方面智利也取得了显著的进步，现在智利的贫困率约为 15%。但是，智利仍旧面临着严重的不平等问题，该国基尼系数高达 0.52，这很大程度上是由受教育机会不平等所导致的。不平等问题已经成为了一个政治热点问题，它引发了一场言辞激烈的学生运动（近来还引发了地区运动和环境运动），他们认为日益加剧的不平等问题是私有化策略导致的必然后果。正是在这些运动的支持下，米歇尔·巴切莱特（Michelle Bachelet）于 2014 年成功当选智利总统。巴切莱特政府许诺，要通过改革教育体系、税收体系、公共退休金体系和选举体系来缓解智利的不平等问题。①

———————

① 智利的相关数据源于美国中央情报局（2014）。

墨西哥与智利形成了鲜明的对比。墨西哥制度革命党是墨西哥革命（1910—1920）造就的政党，它在墨西哥政治中享有主导地位——它仅是在 2000—2012 年间将政权让给比森特·福克斯（Vicente Fox）领导的墨西哥国家行动党。长期的一党执政导致了庇护主义和任人唯亲，因此，墨西哥的腐败问题十分严重。更糟糕的是强大的贩毒集团的兴起，它们相互之间的暴力纷争导致了成千上万人的死亡。2013 年，墨西哥陆军、海军和联邦警察力量接管了墨西哥第二大港口拉萨罗卡德纳斯港（Lazaro Cardenas），原因是怀疑该市已为毒品集团所渗透。贩毒集团与当地民众和治安团体之间的冲突将拥有 10 万居民的阿帕兹甘（Apatzingan）变成了一个战场。警察与军队的无能无人不知——根据国家统计研究所（national statistics institute，INEGI）的说法，大多数犯罪行为，包括谋杀、绑架和勒索，甚至从未向当局报案。

20 世纪 70 年代之前，墨西哥政府遵循着这样一种发展策略，即强调关税保护和对本国新生产业的财政支持、强调国家对经济的干预（尤其是在石油和电力产业）以及保持低税收。然而，从 20 世纪 70 年代开始，这一切都发生了改变，墨西哥开始拥抱新自由主义和自由贸易策略，这与美国经济顾问和在美国大学训练出来的墨西哥经济学家的影响分不开。当然，另外一个原因是墨西哥加入了北美自由贸易协定和其他贸易协定。尽管墨西哥在 20 世纪 80 年代初面临严重的债务危机以及 1994—1995 年间发生的大规模的比索挤兑潮——这两大事件都引来了国际救助计划——但是在过去二十年间，墨西哥的年均经济增长率大多时候保持在 2%—5% 之间。自从北美自由贸易协定生效后，墨西哥经济日益转向制造业。墨西哥已经成为美国第二大贸易伙伴，2013 年双边货物贸易额达 5070 亿美元。失业率现在保持在 5% 左右，尽管这一数字必须要"打点折扣"——正如某些观察家估计的那样，墨西哥国内一半的经济活动发生在非正式经济领域之中，同时，很多经济活动依赖于在美国工作的家庭成员的汇款。2008 年，墨西哥超过一半的人口生活在贫困线之下，社会不平等严重，基尼系数高达 0.48。①

我们提出的第二个一般性的评论针对的是拉美民族主义的性质。拉美国家之所以能够在 19 世纪挣脱西班牙的统治，这与西班牙被卷入反拿破仑的战争这一事实分不开。但是，独立运动大体上是精英们的事情——这不仅是因为考虑到本土民众反叛的目标范围（比如秘鲁的图派克·阿玛鲁和海地的杜桑·卢维杜尔所领导的起义）。事实上，拉美的民族主义从未影响到所有的民众。现在，这一状况开始发生改变，尤其是在安第斯山国家。民族问题（The national question）远未终结——也只是到了 21 世纪初，这些国家的民众才开始登上政治的舞台。

小　结

在上一章的开头，我们曾提到发展正在发生。我们现在可以说，发展是通过不同的机制，以不同的速率发生。我们可以此来作为本章的结尾。南方国家有着较低的人力成本，这使它们能够

---

① 墨西哥的相关数据源于 Babb（2001）；美国中央情报局（2014）。

吸引北方国家的很多产业并创造就业机会。为了弥补由此而来的产业和就业机会方面的损失，北方国家必须重新调整其经济的发展方向。短期看来，这会导致政治方面的成本；错位（dislocation）从来都不是容易（解决）的事情。这些后果或许在欧洲最为明显。小国很可能在进行这些调整方面处于最好的位置，这是因为它们已经长期介入国际经济并且已经学会了如何保持灵活性。那些较大的北方国家或许将面临更大的困难，它们很可能以另外一种方式在竞争中败下阵来：如果新兴国家和新工业化国家要在国际制度中"上位"的话，那么，欧洲而非美国将很有可能成为这一过程的牺牲品。在下面的两章中，我们将转向这些问题并论证我们的观点。

第五章　北方国家

在战后，北方国家最为引人注目的一个特征就是相互之间日益增强的一体化。在美国的保护伞之下，真正的相互依存已经出现，这使得东南亚国家和欧洲国家成为了世界经济中强有力的行为体。一种经常被人提及的说法就是，这相应地会带来资本主义社会内部的趋同，即每个国家都会采纳相似类型的制度。在本章的第一部分，我们将对这种说法予以批判：资本主义社会在过去具有多样性，我们有强烈的理由认为这种状况仍将继续下去。我们接下来就要讨论第二个说法，其性质与上述第一个说法迥然不同，因为它声称资本主义社会中的领先国家或许会挑战美国。有一段时间，这个国家被认为是日本！在对日本的幻想破灭后，有些人又将目光转向了欧盟。现在，欧盟无论是人口规模还是国内生产总值均超过了美国，人们怀疑，随着欧盟的联合度越来越高，它将最终能够挑战美国的霸权地位。我们将对这种说法也予以剖析。在本章的第二部分和第三部分，我们将提出一种直接且负面的观点：欧盟是经济上的巨人，但却是军事上的矮子，它完全无力挑战美国的地位。

掌舵机制（steering mechanisms）

让我们回想一下两个背景因素。第一，在世界大战的血腥时代，种族清洗、人口迁徙以及大规模的屠杀大体上"解决了"民族问题，进而使得确立国内秩序变得相对容易。第二，战后的安排使得地区（the region）享有了比过去更多的安全。冷战期间的紧张关系取代了国家之间的战争。这就是"内嵌的自由主义"（embedded liberalism）所构成的世界——它是一种基于对市场的尊重之上的社会世界（social world），它内嵌于一个制度体系之中，而这个制度体系的目的就是为了避免出现那种引发战争的经济灾难。① 在这一部分，我们将首先指出这一社会世界内部的多样化，接着我们将指出，即便考虑到资本主义在近些年来对国家带来的挑战，这种多样性依然如旧。随后，我们将解释其背后的原因所在。

一个国家要在现代资本主义体系中生存，它的首选途径就是自由主义。"自由主义"国家与经济保持远距离的关系，赋予市场以广阔的自由，实行相对强有力的反垄断政策以维护市场竞争，依赖广泛的宏观经济和财政政策来避免经济周期中的动荡，尽力避免干预个体公司的行为。美国常常被认为是"自由主义国家"的典型代表，而英国、澳大利亚、加拿大和新西兰被认为与

---

① Ruggie（1982）.

美国属于同一类别。① 尽管这些国家充斥着新自由主义的辞藻，但是，它们并不实行完全意义上的自由放任政策。美国经济的很大一部分依赖于军事开支——军事开支的很大一部分被直接或间接用于技术创新的研究与开发；同时，美国经济还更多地依赖于各种福利开支，尤其是医疗服务以及为老年人提供的社会服务。② 这里的问题并不在于自由主义国家较少地卷入经济或是（与其他类型的国家相比）较少干预经济。相反，问题的关键在于，自由主义国家卷入经济的方式与其他类型的国家存在性质上的差异。

在与"国家主义"倾向（statist form）的国家相比时，这种差异就再明显不过。在国家主义倾向的国家中，通过财政、信贷、关税保护以及基础设施支持，国家对具体的产业和公司施加着直接的影响力。有些时候，关键的基础性产业中的公司为政府所拥有（或至少政府拥有一部分所有权），比如铁路、电信以及能源产业——尽管自 20 世纪 80 年代以来，国家主义倾向的国家已将很多公司进行私有化。这方面的典型例子就是日本，但是，这同样也适用于法国。法国曾在 1940 年沦陷。这一记忆使得战后的法国政治家和学者们下定决心，要对法国进行重建并推动国家的现代化——这不仅仅是要在核能领域中确立起法国的领先位置——目的是重新恢复法国在世界上的重要地位。这些活动大部分被纳入了"法国国家计划总署"（Commissariat General du

---

① Hall and Soskice（2001）.

② Block（2008）；Campbell et al.，（1991）；Weiss（2014）.

Plan）的"指示性计划"（indicative planning）之中并受其指导。产业的领跑者、部长们以及其他组织能够定期碰面，并就各自的增长计划交换意见，目的是非正式地协调经济活动。这些会议奠定了法国五年计划的基础——为了实施五年计划，法国财政部为公司提供税收优惠和补贴。在密特朗政府时期，法国的国家主义达到了顶点：法国在20世纪80年代初将一些公司和银行予以国有化。在资本主义内部试行民主社会主义的尝试仅仅持续了很短的时间，后来密特朗就不得不戏剧性地改弦更张。① 法国当然还保留着国家主义的基因，但是，法国在后来激活这些基因的方式则充满了不确定性。

统合主义安排（corporatist arrangements）一般见于斯堪的纳维亚国家、德国、奥地利、瑞士以及低地国家。② 这些国家鼓励组织良好的社会伙伴之间的协商（尤其是在集中的商业协会与工会之间），目的是推动经济和社会政策能为社会中的所有群体带来利益。战后，德国的立法确保了所有的公司和工人都能在公司董事会（corporate boards of directors）与工厂理事会（works councils）中得到代表，目的是为了推动管理者与工人在诸如投资、工厂关闭、车间关系（shop floor relations）以及引入新生产技术等问题上达成妥协。在产业的层面上，国家也组织雇主联合会与工会就工资、福利以及（某些情况下）价格等问题进行协商。③ 在斯堪的纳维亚国家，这些问题的处理方式更为集中化。

---

① Hall（1986）.

② Katzenstein（1985）.

③ Streeck（1997）.

全国性的联合会代表工人和雇主达成工资协议，后者确定了每个产业中工资协商的范围。例如，在丹麦，财政部在这些协商中发挥着关键的作用：一方面，它推动雇主与工会之间的对话；另一方面，由于国家雇佣了相当规模的劳动力，因此，它（常常）也是协商的参与者。①

　　这些政府以不同的方式提供着福利。法国的国家主义政策（不是日本！）带来的福利极其优厚。相反，自由主义政府提供的福利相对有限，它们相信，这些事情应当留给市场来解决。一些福利制度是根据收入调查结果而确定的（means-tested），而诸如社会保障以及针对老年人的医疗保障则由雇主与被雇佣者共同提供资金支持。一些分摊性的福利计划（contributory programs）常常同时拥有公共与私人的资金支持。例如，在美国，年老的公民有资格享受国家的社会保障计划，但是与此同时，他们或许也要从各自退休账户中拿出一部分钱来作为对社会保障计划的补充。同样，针对老年人的全国性医疗保障常常需要（老年人）购买额外的私人保险作为补充。当我们分析统合主义福利政策时，这种多样性会进一步增大。② 像德国这样的基督教民主福利国家（Christian democratic welfare states）提供了更为优厚的基于身份的福利计划（status-based programs），后者与个体的就业联系在一起。基于各自的工作状况，冶金工人可以获得特定的医疗保险和退休福利；学校教师和建筑工人也能得到不尽相同的福利

---

① Esping-Andersen（1985）；Pedersen（2006，2011）.

② Esping-Andersen（1990，1996）.

待遇——福利差异取决于各个经济领域中的协商结果。此外，基督教民主国家（Christian democracies）依赖家庭提供一些福利支持——这也是为何南欧国家中年轻人和老年人的福利待遇比不上就业人口的原因所在。相比之下，斯堪的纳维亚的社会民主福利国家（social democratic welfare states）提供了最为优厚的福利待遇，一般是普惠性的并且其资金大体上来源于中央政府（如果不是完全来自于中央政府的话）。

这种多样性的背后是不同的税收体系。自由主义国家坚守自由放任的意识形态，它们偏好于低水平的税收，税收主要基于收入所得税和社会保障税。具有国家主义倾向的法国和统合主义倾向的德国倾向于征收重税，而社会民主统合主义国家（social democratic corporatist states）中的赋税水平则最高。社会民主主义国家（social democratic states）的税收体系严重依赖于累退税（regressive taxes），尤其是对商品和服务征收的高额附加税或销售税。考虑到社会民主主义国家的基石就在于强有力的劳工运动，这一状况或许令人惊讶不已。但是，与个人所得税相比，附加税或销售税更为稳定，它们不受经济周期以及其他经济动荡的影响。这种稳定性有助于在任何时期都能维持优厚的福利待遇。①

总之，国家既可以是一个保持距离感的监管者，也可以是强有力的经济行为体或是集体协商的促进者。但是，国家总是与各自的经济联系在一起。在欧洲资本主义工业化的早期，国家在确

---

① Campbell（2005）；Kato（2003）.

定产权、监管经济以及为工人提供最基本的保护方面发挥了重要（尽管很初级）的作用。在美国，国家在提供公司许可证（corporate charters）、基础设施、补贴以及产权方面发挥同样关键的作用。[1] 新近历史（more recent historical record）最令人瞩目的一个方面就是，不同的制度各自所拥有的比较制度优势。自由主义的政治经济安排，使得公司能够迅速做出决定、降低成本以及将资本从一个领域或地区迅速转向另一领域或地区。公司之间的竞争也围绕这些内容展开；国家主义和统合主义的制度使公司之间的竞争围绕下列方面展开：制造高质量的产品、确保工人与管理层之间的高水平合作、创建高质量的劳动力队伍、通过协商与优厚的福利待遇确保工资和产品价格的稳定（以推动经济充足，进而保持国际竞争力）。[2] 然而，这并不意味着，所有的欧洲国家都做得同样成功。那些位于欧洲南部的国家——尤其是西班牙、意大利、希腊和葡萄牙——并不成功。毫无疑问，这些国家的命运尤其与 2008 年的金融危机紧密联系在了一起。

　　自从 20 世纪 70 年代中期以来，各个国家就面临着改变其经济和福利政策的压力。部分是由于布雷顿森林体系的崩溃以及随后的资本控制手段的瓦解，资本（在当时）可以更快的速度以及更大的规模从一个国家流向另一个国家。一些人欢迎这种变化：新自由主义的核心理念就是坚信自由市场带来的好处。另一些人则对公司迅速转移投资的能力持有忧虑：他们担心这将破坏

---

[1]　Polanyi（1944）；Roy（1997）.

[2]　Hall and Soskice（2001）.

我们在前面提到的一些制度。这些批评人士警告说，为了保持和吸引资本投资，国家之间将发生越来越多的竞争。在他们看来，为了保持和吸引资本投资，国家将不得不调整各自的制度安排，以适应自由主义模式的要求。换言之，国家将不得不尽力为公司提供更多的自主空间，而不去考虑政府、工人或其他行为体的利益。为了讨好公司，国家将不得不"竞相"降低税收、福利开支以及经济监管内容。如果国家不能达到这些要求，那么，资本外流便会接踵而至，这又会导致工厂倒闭、就业萎缩、失业率提高以及经济增长乏力。在这些批评人士看来，这最终将导致国家主权被置于危险境地：对于民族国家而言，唯一能够控制资本的方式就是将它们监管经济活动的权力让渡给一些国际组织（比如世界贸易组织和欧盟）。①

新自由主义无疑对盎格鲁-撒克逊国家影响巨大，尤其是英国和美国（当然还有加拿大与澳大利亚）。典型的例证包括：减税（尤其是对富人减税），削减政府在社会福利项目上的开支，减少对经济的政治监管，以及从强调需求侧的凯恩斯主义的宏观经济管理转到强调供给侧的金融政策（supply-side monetary policy）。然而，却没有迹象表明，北方国家作为一个整体都采纳了低税收和低程度政府开支的自由主义模式。同时，也没有迹象表

---

① 这里必须要提及第二种（但不同的）要求变化的压力。假如全球性的互动得到某种程度的抑制的话，北方国家仍旧将面临严峻的人口变化压力。他们的人口在老龄化，出生率日益下降。越来越多的人依赖于社会保障、医疗保障以及其他福利待遇，而工作人口和缴纳税收的人口规模却在萎缩。这种人口规模萎缩将对北方国家造成日益沉重的财政压力。

明，那些没有采纳自由主义模式的国家遭受到了严重的经济问
题。① 例如，德国并没有太多鼓噪新自由主义的辞藻，这主要是
由于其长期以来的"秩序自由主义"传统（Ordoliberal），其不
仅强调市场，同时也强调要为民众提供充分的保护。斯堪的纳维
亚国家的情形也类似——它们坚守社会民主的意识形态承诺。与
欧洲大陆的国家，尤其盎格鲁撒克逊国家相比，斯堪的纳维亚国
家的税后或转移后（post-tax/post-transfer）的收入不平等程度一
直都要低很多，情况也更为稳定：它们在 20 世纪末的基尼系数
保持在 0.24 左右。② 瑞典和丹麦调整了统合主义制度，但是它们
一定没有被废除。例如，在丹麦，统合主义性质的工资协商以更
为分散的形式展开。全国性的工资协商依旧存在，但是，它现在
只是提供一个大致的框架——在这个框架之内，工资协商扩展到
了行业层面以及公司层面。③ 法国同样也从"指示性计划"后
撤，并且废除了"法国国家计划总署"，但是，国家仍旧参与制
定产业政策、监督国家的教育和培训体系以及确保社会福利的落
实——这些社会福利源于统合主义式协商的结果，它甚至适用于
那些没有加入工会的雇工。尽管放松经济监管以及削减福利开支
与税收的政治努力无处不在，但是，并没有证据表明它们在每个
地方获得了成功。因此，那种认为民族国家即将走向消亡的说法
是站不住脚的。④ 这主要是由于以下五大因素：

---

① Campbell（2004），第五章；2005；Swank（2002）.
② Kenworthy（2004），pp. 128 - 130；Mann and Riley（2007）.
③ Campbell and Pedersen（2014）.
④ Guehenno（1993）.

首先，在日益增强的全球经济压力面前，国家并非是无助的。由于国家有意识地降低贸易和投资壁垒，因此，它们在一定程度上推动了国际贸易和资本流动的增长。只要愿意，国家当然可以逆转这种趋势——正如第一和第二次世界大战期间所发生的情形那样，尽管后者导致了灾难性的后果。同时，如果政治力量强大到可以抵制改变的话，那么，国家就可以阻止上面提到的那些改革的发生（这里指的是"放松经济监管以及削减福利开支与税收的改革"——译者注）。这就是为何斯堪的纳维亚国家没有放弃世界上最高的税负和最为优厚的福利项目的原因所在。此外，即便国家在一个领域中做出让步（比如降低公司的利润税），它们还可以在其他领域中得到补偿（例如开启对网络经济的征税或是对跨国金融交易征税）。①

其次，当国家尝试模仿其他国家的制度实践时，它们一般会结合本国的国情，而不会完全取代当前的做法。当日本政府在1984 年将国有电话公司予以私有化时，它同时也设立了一个强有力的监管部门，以监督这个新的私营公司实际运行的方方面面，包括价格的制定以及技术发展。这更加符合日本传统的国家主义模式而非自由主义模式。换言之，在全球化面前，国家开始重新对其经济予以监管，而不是放弃对经济的监管。国家并没有从经济活动中抽身出来，恰恰相反，国家重新调整自身以适应经济的需要。②

---

① Campbell（2003）.
② Vogel（1996）.

第三，公司之间的竞争并非仅仅是成本的竞争。即便它们能够在其他地方享受更为廉价的劳动力或是更低的税收，但它们并不一定就会将经营活动搬迁到这些地方，因为它们在现在的地方可能还会享有其他的竞争优势。与其竞争对手相比，斯堪的纳维亚国家的公司或许面临着更高的税收和劳动力成本，但是，它们同时也享有教育程度更高的劳动力、和谐的劳资关系、完善的基础设施支撑以及廉洁的政府。这些优势将会弥补它们在税收和劳动力成本方面的劣势。资本的国际流动性或许正在日益增强，但是，公司之间的竞争既是对比较成本优势的竞争，也是对比较制度优势的竞争。国家是比较制度优势的重要来源：最低工资，对女性和男性员工产假权利的保护，以及员工带薪休假以照顾生病的儿童和老人，所有这些都有利于提高工人的生产率以及公司的竞争力。[①] 公司意识到了这一点，因此，它们反对破坏这些制度优势的任何做法。如前所述，统合主义的集体协商使得德国的公司要为工人支付相对更高的工资和福利，但是，在 20 世纪 90 年代，德国公司却拒绝那些要求抛弃这些安排的呼声。原因就在于，它们意识到了这些安排所能带来的优势，例如更具合作性的劳资关系有助于高质量的生产以及在快速变化的市场需求（这与全球化进程联系在一起）面前保持灵活性。正是国家造就了这些优势，也正是它们支撑了几十年来德国的国际竞争力。很多公司希望能够保持这

---

① Heymann and Earle（2010）.

种优势。①

第四，国家可以利用现有的制度来适应不断变化的环境。从传统上看，丹麦和芬兰的统合主义制度有助于保护既有的投资，它们只是缓慢地、渐进地允许采纳新的技术或是生产新产品。但是，随着全球化的到来，这种有些保守的统合主义被改造成为一种更具竞争性和创造性的统合主义模式，后者有助于推动新的、适应于 21 世纪的企业、职业和产业的发展，这就提升了各自国家的经济竞争力。国家改造了现有制度所致力于实现的目标，但却没有对制度本身进行改造。② 当然也存在一些制度上的调整，但是，这种调整基本上都与国家自身的制度遗产相一致，而不是采纳了新自由主义的蓝图。

最后，为了应对全球化，国家或许会进行相当激进的制度调整，但是这并不意味着国家就一定会屈服于新自由主义。例如，在 20 世纪 80 年代，爱尔兰为了改变其先前暗淡无光的绩效而决定进行一系列调整。在地方和地区层面上，国家组织发起了一些社会伙伴关系（social partnerships），涵盖了企业、劳动力和其他利益相关者。目的是为统合主义协商提供便利条件，以推动诸如信息技术和制药业等高精尖企业的发展。当然，这也伴随着新自由主义性质的税收改革的出台，这尤其为企业提供了低税率。因

---

① Thelen and Kume（1999）. 然而，进入 21 世纪以来，至少在德国经济的某些领域中，统合主义模式的一些内容开始消解。这究竟代表了双重劳动力市场的出现或是全然转向新的、资本主义的自由主义模式，还是一个需要更多讨论的问题（例如，Palier and Thelen 2012；Streeck 2009）。

② Ornston（2012）.

此，爱尔兰政府将统合主义和新自由主义的因素结合在了一起，形成了一种混合模式，这最终促成了20世纪90年代"凯尔特之虎"（Celtic Tiger）的成功。当爱尔兰政府更彻底地转向新自由主义方向时，情况却因房地产泡沫的破灭而急转直下——而减税政策助长了房地产的泡沫。这也是为何爱尔兰又一次处于改变之中的原因。① 从爱尔兰的例子中可以得到一个重要的启示，即在应对全球化时，国家既可以转向新自由主义也可以远离新自由主义——这种转向既可以由政治因素所推动，也可以由任何与全球化相关的经济必要性所推动。因此，并不能保证新自由主义一定会起作用——假如新自由主义不起作用的话，国家或许只好尝试其他方案。

因此，在应对全球化时，国家并不一定会做出改变；即便国家确实做出了改变，它们也不一定非要采取新自由主义的方案——即便它们确实采取了新自由主义的方案，但是，假如没能像预想的那样发挥作用的话，国家也有可能放弃它。这并不是说全球化是促使国家发生改变的唯一一力量。政治同样会带来改变。例如，民族主义意识形态关于民族差别的态度变化能够导致急剧的变化。在荷兰，随着宗教差别的政治重要性的降低，政治的柱化（pillarization）以及相应的联合协商（consociational bargaining）近来已经让位于多数主义民主（majoritarian democracy）。② 当然，在宗教差异消失的同时，移民问题转而成为一个具有冲突

---

① ÓRiain（2014）.

② Jones（2008）.

性的政治问题。在欧盟内部这些问题尤为凸显——我们现在应当转向对欧盟的讨论了。假如世界上存在一个地方——在那里，民族国家据说正在失去其权力——那么，这个地方一定就是欧盟了。对于"资本主义内部的多样性"这一核心观点而言，欧盟是一个最好的检验对象。那么，欧盟是一个将终结民族多样性（national diversity）的组织吗？

欧洲联盟

在世界历史上，没有地方像欧洲那样曾经孕育了如此之多的不安全——这为欧洲以及整个世界带来了诸多的战争和死亡——尤其是在黑暗而狂暴的 20 世纪。现在，欧洲的核心区域已经成为一个和平和繁荣的地带，这只会让人喜极而泣。[1] 因此，不足为奇的是，很多评论家认为欧洲或许将"主导"本世纪，因为它的"未来愿景"要比"美国梦"有更多的实质性内容。[2] 不过，我们也会时不时听到一些评论家在谈论欧洲的失败，例如，在将失效的宪法强加给其民众的过程中存在的"民主赤字"问题。

---

[1] 有一个复杂情况需要我们时刻谨记，即"欧洲"的性质总是、也将继续"遭到挑战"。俄罗斯是欧洲的一部分。一些俄罗斯人和许多欧洲人希望能最终找到一种制度安排，将俄罗斯也纳入到欧洲的核心区域，进而可以复制欧洲吸纳中欧和巴尔干国家的政策。更为现时的忧虑则在于这样一个事实，即一些欧盟国家并非北约成员国，而作为北约核心成员国的土耳其却不是欧盟的成员国——这导致美国极为不满。

[2] Leonard（2005）；Rifkin（2004）.

　　之所以会出现上述这种截然对立的观点，原因就在于他们没能理解欧洲的制度性质。欧洲的一体化经历了漫长而复杂的过程——尤为需要引起人们注意的是其"走走停停"的特点：往往当人们认为僵局似乎不可避免之时，就会突然出现继续向前的推动力。1987 年的《单一欧洲法令》的通过以及 1992 年《马斯特里赫特条约》的批准都体现了这种特点。我们必须要重视这种不确定性，同时要意识到，欧洲的未来并不是一个板上钉钉的事。当共产主义 30 年前在欧洲终结之时，谁能预测到有如此之多的新国家加入了欧洲的核心区域（尤其是通过加入北约和欧盟），并且取得了如此令人瞠目结舌的成功？但是，欧洲现在变成了什么？正如某些乐观主义者所乐于看到的那样，它会成为一个类似于美国的联邦制地区吗（federalist area）？有关欧洲内部一体化程度的讨论常常归结为对于"半瓶水"的阐释，即它究竟意味着"已经满了一半"还是"仍旧空着一半"。我们无意否认一体化所取得的进展，尤其是在经济领域以及（更低程度上）司法领域。超过 20% 的欧洲 GDP 是通过内部贸易实现的，这占到全世界贸易总量的一半。尤为重要的是，来自东欧的新成员国放弃了各自原先的外部市场；与老成员国一样，它们选择将自己与欧盟紧密地捆绑在一起。这实际上形成了一个单一市场，在其中，资产阶级可以很容易地从一个地方迁到另外一个地方。[1] 然而，在这个问题上，人们倾向于认为"还有半瓶是空的"。[2] 这

---

[1]　Fligstein（2008）.

[2]　Moravscik（1998）.

种怀疑论的理由很简单：存在着抑制进一步一体化的明显障碍。在这一部分，我们将罗列出支持这种怀疑论观点的四大事实，尽管这些事实令人有些难以接受。对于那些希望欧盟内部跨国主义力量可以日益增加的人而言，这些事实一定要铭记在心。

事实之一就潜藏在有关欧洲一体化起源的论述之中。国家的理性计算造就了欧盟及其先行者，时至今日，这些计算仍在起作用。让我们考虑一下那些具有说服力但却老生常谈的例子吧。首先，在共产主义崩溃后，撒切尔夫人曾经问了密特朗总统一个很有名的问题："我们现在应该怎样对付德国人？"撒切尔对于德国的看法反映的是某种偏见而非是事实，但是，我们从中可以看出国家计算的影子。面对这场巨变，法国的回应也同样充满了地缘政治方面的考虑。一方面，法国坚持通过欧元将德国与欧洲捆绑在一起。更为引人注目的是，法国重新返回到北约的指挥体系中来——这一决定的核心就是希望能将美国人留在欧洲，以制衡统一后的德国。其次，我们还可以再审视一下 2002 年 12 月尼斯会议上（关于欧盟东扩）发生的讨价还价，其中的一些细节后来被泄露给《经济学人》。这次会议必定会令俾斯麦（假如他在世的话）感到得心应手："如果你在这个问题上支持我，我将在那个问题上对你妥协"！这样的讨价还价成为此次会议的主要基调，尤其当涉及新成员国的投票权利时，情况更是如此。同样的评价也适用于 2009 年批准的新制度安排：与关键的政府间机构（部长委员会）相比，欧盟委员会的作用进一步降低。这就保护了国家的利益。第三，经常有这样的说法，即法德共管正在欧洲失去其存在感。我们需要对这种看法提出质疑：正是这些大国在决定欧盟第一任总统人选的过程中发挥了决定性的作用。最后，为了剖析欧洲"一体化"意识形态背后的实际情况，我们应当关注那些相关的经验研究工作。弗朗西斯科·迪纳（Francesco Duina）研究了欧盟关于"同工同酬"与"空气污染"的规则，分析不同国家在实践中执行这些规则的程度差异。对于上述两个规则，他各挑选三个国家进行分析，结果发现了相当大的差异性。当规则符合国家原先的政策选择并且得到国家内部压力集团的支持时，这些规则的执行才有可能成功；当特定国家的历史与群体组织导致与规则要求相反的发展方向时，规则的执行就有可能被敷衍、拖延或者无视。① 国家有着不同的利益，这就抑制了欧洲内部达到更高程度跨国一体化的可能性。

　　这一点在围绕财政政策而展开的斗争中表现的最为明显。与美联储不同，在欧洲，并不存在对于欧元的集中而统一的控制。同时还要考虑到这样一个事实，即有十个欧盟国家（包括英国、瑞典和丹麦）根本就没有加入欧元区！② 欧元的制度结构已经导致重大危机。在欧元区中，德国的经济存在（它有大量的经济剩余被用于海外投资）使得那些现在陷入经济困境的民族国家得以享有极低的借贷利率。第一个陷入经济困境的国家是希腊，这一事实使得很多人（尤其是德国人）相信，财政方面的不自律才是危机的罪魁祸首。假若爱尔兰是第一个陷入经济困境的国家的话，那么，它就不至于招致人们对希腊那样的埋怨（考虑到爱尔

------

① Duina（1999）.

② 截止 2017 年，共有 9 个欧盟国家没有加入欧元区。——译者注

兰的预算结余以及低负债率）——爱尔兰的财政不平衡以及由此而来的房地产泡沫才是更为重要的因素。应对欧元危机的相关政策或许是错的：紧缩政策并不能解决银行负债的问题，也无力提升竞争力。[①] 在这里，围绕财政政策而暴露出来的相关国家的重大分歧才是起作用的因素。例如，都柏林的出租车司机会诅咒德国人，在他们看来，正是通过调节欧洲财政政策，德国人使爱尔兰经济承受了巨大的压力。在这一问题上，德国人自己也充满了分歧：是否应当让问题国家重新管理自己国家的货币，创立一个双重公民权体系（system of dual citizenship），并提升欧洲议会的活力——以使其成为一个能够实现真正欧洲视野的关键机构？或是应当进一步提升欧洲内部的北方国家向南方国家的援助，以促进欧洲的团结？[②] 总之，欧洲并没有类似于美国的货币制度架构。欧元得以保留，但是，它是一个很弱势的货币，而紧缩政策为整个欧洲带来了很低的增长率。长远看来，结构性问题仍旧没有解决。德国的顺差太大了：它在其他地方获得的顺差会导致并将继续导致出现这样一种状况，即那些能够轻松获得贷款的国家将会出现经济泡沫——正如一些德国人开始意识到的那样，这种危机最后也会使他们自己的国家失去重要的出口市场。

所有这些都指出了一个关键问题，即欧洲无疑不是一个完全的跨国或是超国家的国家。它成功地为其成员国制定了众多规则，这无疑令人羡慕——其中有些规则是非约束性的指导原则，

---

① Legrain（2014）.

② Hann（2013）.

它们由全体成员国一致同意得以通过；另有些规则是有约束性的，它们是按照多数原则表决通过。但是，尤其是在商业之外的领域中，欧盟成员国有着各自不同的偏好，相关的决策过程融合了各种代表、协商、沟通以及谈判方式，这常常使得人们难以发现统一的欧洲战略视野的存在。这就使欧洲处于一种特定的不利地位，尤其当涉及外交事务时更是如此——当欧盟在与美国、金砖国家或是其他主权行为体打交道时，其对手的战略视野更为统一，这恰恰是由于它们有着更明显的主权导向。正如迈克尔·史密斯（Michael Smith）所言，"尽管有些人将欧盟描绘成'商业超级大国'，但是在其外部行为所发生的其他领域中，它却是一个十足的矮子"。[1]

其次，必须要始终牢记的重要一点就是，欧盟从根本上看是羸弱的，与大多数欧洲怀疑论者（Eurosceptics）的理解不同，欧盟并不是一个利维坦。欧盟仅仅能从其成员国那里提取大约1%的GDP，这远远不及众多民族国家从其各自社会中所提取的资源的比例（一般为国民产值的35%到45%）。正如卢卡斯·楚卡利斯（Loukas Tsoukalis）——一位欧盟的积极支持者——所指出的那样，"现对于正式宣布的目标而言，现有的预算限额既不现实又缺乏一致性"。[2] 不仅如此，直接征税计划已经被搁置。大体说来，欧盟只能在一项政策上花费大额资金——事实上将它大部分预算资金都用于此——共同农业政策（Common Agricultur-

[1] Smith（2013），p. 657.
[2] Tsoukalis（2003），p. 136.

al Policy）。出于相似的原因，欧盟与新兴经济体的谈判也缺乏实质性内容。[1]

记住这一基本事实能为我们审视（欧盟的）"认同"问题提供一线视角，而"认同"问题则是第三个需要被怀疑的对象。比较历史社会学（comparative historical sociology）的一个根深蒂固的通则就是，当国家命令被强加于公民社会时，社会运动（以及促成社会运动的集体认同）就会获得前进的动力。传统上，形成认同的最为至关重要的社会进程或许就是公民对于征税权的抗争。由于欧盟仅仅能对其成员国施以些许的财税要求，因此，一种欧洲认同就不可能由于大众抗争而出现。迄今为止，欧洲认同是极为有限的。所有的民意调查都表明，在欧盟的所有成员国中，对于国家的认同都要压过对于欧洲的认同。当然，在不同的国家中间也存在很大差异：与那些没有遭受战争破坏的欧盟国家相比（比如丹麦），在那些遭遇了极大战争破坏的欧盟国家中（比如荷兰），对于欧洲的认同一般更高。在任何时候，认同都不是简单的问题，很多人有着多重的、交叉的以及变化的认同。但是，对于国家的忠诚仍旧是最为重要的。对于欧洲的态度也存在"路径依赖"：它会遵循相关民族国家的特定的历史轨迹。[2]

尤为关键的是，民意调查的结果显示，欧盟本质上是精英们的事业——在整个欧洲，社会经济上层群体一般都对欧盟抱有强烈的支持。在这里有必要考虑一下语言问题。欧洲人在将来需要

---

[1] Smith（2013），pp. 659, 665 - 66.

[2] Medrano（2003）.

掌握"2＋1或2－1"种语言（two plus or minus one）。其中，英语是必须掌握的语言。作为世界性语言，英语在欧盟事务中最常被使用。第二种欧洲人必须掌握的语言就是自己的母语。所谓的"2－1"种语言说的是英国人，所谓的"2＋1"指的是这样一种情况，即如果所在国拥有少数民族语言时，其国民也有必要掌握。很多人认为，这种安排将有助于解决欧洲的问题。[1] 但是，我们并不是很确定。欧洲人很擅长学习语言，即便如此，要真正做到精通其他语言，能够达到很高的语言运用水平，仍旧是很困难的事情。

尼尔·弗雷格斯坦（Neil Fligstein）最近的著作进一步表明欧洲认同是极为有限的。[2] 只有不到3％的欧洲人生活在本国之外的地方，其中，很少有学生在海外生活很长的时间。欧洲似乎由三大核心人群组成：13％的人认为自己是欧洲人，43％的人有时候会认为自己是欧洲人，而44％的人则不认为自己是欧洲人。"往好的说，在欧洲，56％的人认为自己是欧洲人（13％＋43％）。但是，或许也可以说87％的人认为自己大多数时候拥有对国家的认同（43％＋44％）。"[3] 这至少可以表明，民众对于欧盟的热情是有限的——这似乎被一种现象所验证，即越来越少的人参与欧盟的选举投票。当然，这或许也能透视出更严重的问题。民族主义情绪现正发生着变化。在过去，民族主义是一项精英工程（elite project），它包含着这样一个内容，即通过强制性的发展规

---

[1] Laitin（1997）.

[2] Fligstein（2008），第五章和第六章。

[3] Fligstein（2008），p. 4

划（forced developmental planning），以推动本国与领先国家的竞争。在现在的欧洲，精英们似乎希望能够在一个超越单个民族国家的领土框架下行动，但是，与此同时，他们又无疑认为，这是对他们各自国家而言最好的策略。各式各样的反对进一步一体化的、民族主义社会运动的兴起表明，那些阈于国家边界之内的、无法适应一体化进程的人——他们代表了精英之外的群体——不满于他们在现在的世界中所面临的劣势。这里的关键在于，反动的和本土主义的民族主义（reactionary and nativist nationalism）将抑制欧洲进一步一体化。在参加 2014 年欧盟议会选举的 20 个成员国之中，有 10 个成员国内部出现了激进右翼力量上升的情况。这被视为是一场政治地震。

我们对欧洲进一步一体化持怀疑态度的第四个原因与欧洲的自由主义成就（liberal achievements）有关。即便大国可以违反预算限制规则而不受惩罚，但这并不会影响经济的一体化。至少与历史记录相比，少数族群的权利也同样得到了保障。那些希望加入欧盟的国家必须改变其社会，这样才能获得准许——这一做法有百利而无一害。即便如此，自我满足当然最不可取。地缘政治上的稳定使得各种类型的自由宪政安排成为了可能，这大体上是由于这样一种情形，即当不存在紧迫的战争前景时，国家的"单一性"（unitariness）的重要性就会下降。例如，自由主义一定程度上有利于多民族的西班牙的巩固。但是，民族主义的残忍一面并未改变。在过去的一个世纪中，欧洲发生了种族清洗，最近的一次就发生在巴尔干战争期间。因此，只有当 20 世纪上半叶的那些重大问题全都消失之后，自由主义平息和调和冲突的能力才能发挥出最大效力。人们或许还会进一步指出欧洲意图限制来自于南部和东部的移民，换言之，欧洲希望保持白种人和基督教占主导。这种考虑毫无疑问影响了欧盟拒绝接纳土耳其的决定——尽管由于土耳其总理埃尔多安①最近的威权主义行径，这一决定现在变得更令人理解。最后，"9·11"事件之后，欧洲国家一直在协助与唆使恐怖嫌疑份子的引渡。有时候，恐怖嫌疑份子会被引渡到在欧洲各地建立的中心并在那里遭到严刑拷打。这就使得人们极其怀疑欧洲所推崇的自由主义。② 如前所述，右翼民族主义政党的兴起进一步使得这一问题更加严峻。尽管这些政党大多时候居于政治的边缘地位，但是，它们也已经取得了一些成功。自2001年起，丹麦的保守派政府的执政时间已经超过了10年，丹麦人民党（Danish People's Party）在其中居功至伟。这使得丹麦政治进一步向着新自由主义的方向右倾，导致国家降低非丹麦国籍的定居者的福利。最近，瑞士的全民公投结果反对劳动力在欧洲的自由流动——瑞士的民族主义小党为了推动这次全民公决的举行而不遗余力。尽管瑞士并不是欧盟的成员国，但是，它已经与欧盟签订了众多协议，但是现在，这些协议的前景却不容乐观——迁徙自由的理念本身也遭到质疑，尤其是考虑到欧盟的很多成员国同样不喜欢这一理念。

在总结上述对于欧盟制度特征的看法时，有必要重复一些我们从一开始就提出的那些观点。我们突出强调了欧洲一体化所面

---

① 埃尔多安应为土耳其总统，而非总理。——译者注

② Anderson（2009），第二章。

临的制约因素，但是，这一事实并不应被等同于那种认为"一体化并不重要"的说法。不同的民族国家可能会以不同的方式回应欧盟委员会的指令，但是，相同的议事日程在同一时间被置于如此之多的国家面前，这一事实从长远看来或许能够弥合差异性。尽管如此，欧盟宪法还是没有得到通过——尽管它的大多数（约束力较弱的）建议已经被推行，只不过没有得到民众批准罢了。在这种背景下，我们必须要铭记的是，成功的联邦制常常取决于是否存在国民（Staatsvolk）。① 在不存在占主导地位的国民的情况下，只有当与联盟安排相结合时（以安抚少数族群），联邦主义才有可能运转起来。考虑到德国人的人数不足以构成欧洲的"国民"，因此，允许小国保持其权力或许就是保证欧盟稳定的基石。心存这样的考虑，我们现在转向对跨大西洋共同体的讨论。

跨大西洋共同体

改变欧洲的动力既源于欧洲内部，也源于欧洲的外部。② 在这里，重新回忆一下卡尔·多伊奇（Karl Deutsch）等人对于政治共同体的分析是很有帮助的。③ 安全共同体——无论是集合型的安全共同体还是多元性的安全共同体——是与同盟（alliances）相对的概念。这里强调的是领头的国家有必要推动安全共同体的

---

① O'Leary（2001）.

② Katzenstein（2005）；Ripsman（2005）；Miller（2007）.

③ Deutsch et. al.（1957）；Adler and Barnett（1998）.

构建，这一般都发生在面临共同威胁感的情况之下。然而，共同体的维系有赖于某种共有价值，并坚定地诉诸谈判和妥协（而不是极端化与冲突）。多元主义必然意味着存在很高程度的冲突，但是，它可被视为一个安全阀：在存在分歧的情况下，多元主义的灵活性优势就显现出来了，尤其是与"集合"（amalgamation）有可能导致的脆弱性相比更是如此。① 然而，与这一观点联系在一起的微妙感近来却被弃之一旁，取而代之的是在各种极端立场之间不停摇摆（比如我们前面已经谈到的涉及欧洲内部事务的极端立场）。有些强有力的观点认为，美国与欧洲之间的冲突是如此之大，以至于二者的分裂是命中注定的。② 与之相反，另一些观点则期待西方能够重新以一个声音发声。③ 理解跨大西洋关系有助于我们明白这一点，即上述两种观点都是错误的——事实上，这种错误从 1945 年后就一直存在。

北美与欧洲之间的联系由来已久，理念、规范、价值、实践在两地之间往复——更不用说贸易关系的发展。④ 但是，在"二战"结束之后，出现了真正试图提升和扩大跨大西洋关系的努力，目标是创建一个"绝对爱慕"的关系，即大西洋两岸将以同样的方式看待世界。在精英层面尤为如此。⑤ 美国中央情报局资助的所有"文化自由大会"（Congresses for Cultural Freedom）

---

① Kagan（2003）；Pond（2004）；Mowle（2004）.

② Habermas（2005）.

③ Ash（2004）；Ikenberry，（2002）.

④ Rodgers（1998）.

⑤ Schaeper and Schaeper（1998）；Van der Pijl（1984）；Berghahn（2001）.

均试图（在美欧之间）强化一种共有的认同。那么，在现实中，跨大西洋认同的深度和广度又如何呢？一般而言，认同涉及某些利益和感情的混合。如果我们现在去审视欧洲大陆的一些事物，那么，我们发现的将是理性计算而非共有认同。尽管雷蒙·阿隆拥有过人的才智和精心维护的同美国的关系，但他首先还是一个法国人。从他身上，我们就能看到共同体在现实中是个什么样子——毫无疑问，一个共同体基于讨价还价、深思熟虑以及共同与差异的价值之上。当1942年被派往艾森豪威尔在阿尔及尔的总部时，哈罗德·麦克米伦（Harold Macmillan）曾向理查德·克罗斯曼（Richard Crossman）说了一段话，其中的思虑色彩十分明显："我们是生活在美国帝国中的希腊人。你将会发现，你对美国人的看法就像是希腊人对罗马人的看法：那些伟大的、忙碌的美国人，与我们相比，他们更有活力，也更无所事事，既有着淳朴的美德，同时也更加道德败坏。我们必须像希腊奴隶承担克劳狄乌斯皇帝的工作那样来经营艾森豪威尔的总部。"①

为了发现跨大西洋共同体的真正特征，我们必须要指出存在于"真爱"与"离婚"之间的诸多关系类型。两性关系的不平等意味着，妇女很不愿意被束缚在一段关系之中，失去了"用脚投票"的机会，不得不心存怨恨地继续与配偶生活在一起。事情的复杂性可能远不止此。一方面，如果可以的话，有些妇女会选择逃离，但是，经常的情况是，出于对孩子的考虑以及意识到离婚后的男人常常拒绝支付对孩子的抚养费，她们常常没有办法这

---

① Horne（1988），p. 160.

样做。另一方面，存在着电影《灵欲春宵》（*Who's Afraid of Virginia Woolf*）中的那种心理。该影片极好地描绘了所谓的"共同依赖"（co-dependency）的心理状态。"共同依赖"的心理世界滋生并维系着种种怨恨和不满——一方面是无休止的抱怨，另一方面则是没有真正愿意改变的决心。事实上，离婚是"绝对真爱"（absolute love）的对立面。但是，实际情况总是要比这两种极端状况①更为复杂。有可能出现试验性的分居，即继续生活在同一个屋檐之下，选择分居但却不离婚——当然，离婚也存在"乱作一团"的离婚与"和平离婚"之间的差别。同时，我们必须要记住的是，人们并不总是在"离婚"与"真爱"之间的谱系上保持具有连续性的位置。怨恨本身是不稳定的，它在充满抱怨的同时，却无法采取实质性的行动。我们经常摇摆不定，一次次尝试着讨价还价，直到最后我们心生怨恨。事实上，人们饱受马塞尔·普鲁斯特（Marcel Proust）所说的"间歇性心灵"（inter-mittences of the heart）之苦。跨大西洋共同体也面临相似的状况。

　　有关跨大西洋关系的本质特征的蛛丝马迹已经显露无疑。首先，不同国家的行为方式有所不同。波兰对于美国可以说近乎"真爱"，这主要是美国推动了冷战的终结并确保了波兰的自由——波兰人的这种情感无疑使得波兰与美国关系的极大强化。而法国的状况却很复杂。伟大的法兰西共和国可以与美国相媲美。现在，法国失去了其帝国，但总是希望能以某种方式来维持自身的荣耀——为此，法国在推动欧盟产生的过程中做了很多工作

---

　　① 即"离婚"与"真爱"。——译者注

（这有利于它保持自己的荣耀——译者注），但与此同时，这也使得法国倾向于要求欧洲与美国保持界限。其次，恰如婚姻中的情况一样，国家之间的情感常常也是变化无常的。法国就是一个典型的例子。戴高乐退出北约指挥体系的动机极为复杂——最终，这被证明是一场没有结果的分居而非是真正的离婚。如前所述，两德的统一将法国重新拉到了北约的指挥体系之中：法国立即将强化北约视为保持美国在欧洲存在的一种途径，这样一来，就可以限制德国潜在的权力。但是，法国也无法避免"间隙性的心灵"：在从理想化的情绪后退之前，法国以感情化的方式支持美国入侵伊拉克。

美国内部也存在着一些复杂情况。"一战"之前，美国人对于德国的钦佩无所不在，这反映了大量中欧移民涌入美国的现实。世界大战的爆发使美国人对德国的态度发生了转变，从钦佩变为不屑。与之相反，美国人对于英国发自心底的厌恶现在却成为了过去——在普通民众那里，爱尔兰裔美国人部分保持着对英国的厌恶，在精英层面上，这种厌恶则源自于美国希望从英国手中接过霸权地位。尤其需要指出的是，近来的一些知识分子逐渐获得了主导地位（或许这种主导地位现在已经终结了），他们对于英国怀有理想化的情感，而且大大超过任何传统意义上的国家利益。但是，最为重要的是这样一个事实，即美国在跨大西洋共同体中总是面临着一个选择。一方面，在欧洲的精英和民众中间总是存在着要求欧洲自立的呼吁。美国军队持续驻扎在欧洲当然不是意料之中的事，而那种认为美国在欧洲的军事存在具有历史特殊性的看法也是需要被认真推敲的——这样一来，那些时不时冒出来的，要求共同承担负担的呼吁（有时这种呼吁具有紧迫性）就变得完全可以理解了。另一方面则是成为世界老大所带来的愉悦感和好处。权力使得美国能够确定世界政治的议程，并进而可以建立一个具有可预见性的环境。总之，在这件事情上美国也很容易出现"间歇性的心灵"，即它也会在两种态度之间摇摆不定：一方面，它会要求欧洲自立，另一方面，当欧洲似乎确实处于赢得自立的过程中时，美国有时又会觉得心里很不是滋味。

　　众所周知，激情有可能变得疯狂，进而使得任何理性思考都不再可能。假若我们上述的摇摆时刻（moments of oscillation）确实如此的话，那么，冷静过后的再思考就会变得尤为重要。这样的思考之所以能出现，一个根本原因就在于需要考虑那些无法回避的、结构性的制约因素。在这方面，美国与欧洲存在着很大的差异，这也表明美欧之间存在"分道扬镳"的可能性——尽管在我们看来，这种可能性极低。

　　美国或许会出于地缘政治的考虑而背弃欧洲。但是，考虑到大国都希望能有一个具有可预见性的政治环境，因此，从历史的角度看，这种情形的出现无疑是非同寻常的。这种情形之所以不大可能出现的另一原因在于，美欧双方均是各自最为重要的对外商业市场（foreign commercial markets），这会带来每年接近 5 万亿美元的销售额。事实上，世界上没有其他商业路径像跨大西洋经济关系那样紧密相连。① 此外，在一个多极世界中，美国享有的铸币权优势（privileges of seigniorage）或许会被削弱，但是，即便如此，欧洲仍旧持有大量的美元。欧洲人面临着更为严峻的

---

　　① Hamilton and Quinlan（2011），p. v.

制约。其中，最为明显的历史制约就是地缘政治方面的忧虑——欧洲人清楚这样一个事实，即欧洲的防御归根结底是由美国来保证的，而驻扎在欧洲的美国士兵之所以重要并不在于他们的战斗能力，而在于他们某种程度上成为了"人质"，这就确保了美国会在欧洲需要的时候为欧洲提供防御。时至今日，地缘政治方面的忧虑已经大幅减轻，但是，我们必须要指出的是，中欧国家的历史经历使得它们对于美国在地缘政治方面的角色一直都很感激——随着普京在白俄罗斯、格鲁吉亚和乌克兰的所作所为，中欧人的这种感激程度更是大幅提升。主观维度同样重要。对于欧洲人而言，美国在北约中的存在至关重要，其中最简单的原因就在于：世界大战的遗产如此沉重以至于欧洲人之间彼此互不信任，因此，欧洲人会觉得，一个能够实施正当的行为规则的外部大国的存在，能够很好地服务于他们的利益。在今天，欧洲内部仍旧存在着相互竞争的立场，这既可以从上次的巴尔干战争中看出来，也可以从这个事实中窥见一斑，即欧洲人普遍希望能将美国军队留在欧洲，这样便可以限制重获统一之后的德国的权力。① 这些考虑得到了另一冷酷事实的支撑。欧洲自主性的提升必然要求增加其军事实力。然而，无论从哪一方面看，如果欧洲持续朝着这个方向发展都必然引起民众大规模的反感。总体说来，大多数欧洲人——"欧洲认同"在精英层面或多或少是有自觉意识的，而大众层面的自觉意识多少有些弱——在看待美国

_____

① 欧洲各国政府并不愿意自动放弃它们在八国集团和国际货币基金组织中的过度代表权，转而选择一个共同的欧盟立场（*The Economist*, 2005）。从中，我们也可以洞察到各国国家利益的分歧。

的军事实力方面存在着奇怪并且轻度的"精神分裂"，即他们一方面是抱怨，另一方面却没有意愿改变现状。

　　然而，即便是依附性的伙伴，也有可能改变其想法。从20世纪60年代末到70年代初，欧洲对于美国的情感就经历了明显的变化。在"二战"结束后的25年内，美国"仁慈地"在资本主义世界中行使霸权，这确实在跨大西洋共同体中营造了一种相当宽松的氛围。(在20世纪60年代末到70年代初) 美国粗暴地运用其实力使得美欧之间协商减少，进而招致欧洲的反感——尽管美欧双方都不准备改变游戏规则。很多欧洲人强烈反对美国在越南的行动。这使得越南战争完全成为了美国自己的事情。但是，这并不意味着美国行动带来的结果仅仅会影响美国自身。众所周知，林登·约翰逊 (Lyndon Johnson) 在"大炮"和"黄油"之间举棋不定。美国并不是去偿还大规模增长的开支，而仅仅是以"印刷钞票"的方式掠夺式地行使其霸权力量。货币铸造权 (seigniorage) 成了一个严重的问题，这不仅仅是因为美国以低于市场的利率从德国榨得了贷款。① 美国通过大肆印刷钞票的方式来平衡其赤字，对于所有国家而言，最严重的后果就是引发了战后大规模的通货膨胀。② 近来的一系列事件进一步损害了欧洲对美国的信任，尤其是布什政府匆忙构建国际联盟以入侵伊

---

　　① Treverton (1978).

　　② Smith (1992). 在这一时期，美国的财政政策并不是导致通货膨胀的唯一驱动力。另一重要因素是1973年开始的能源价格暴涨 (尤其是欧佩克国家原油价格的上涨)。在第一次石油价格震动期间，即1972—1974年间，美国的年通胀率从4.2%骤升至9.0%。同期，欧洲十五国的年通胀率从6.3%骤升至10.1% (OECD 2006)。

拉克，以及最近曝光的美国国家安全局试图监听欧洲公民、官员甚至是国家首脑的丑闻。

在学术层面上，这种情感变化的一个显著标志就是：作为最忠诚于美国的思想家（或许也是战后大西洋共同体中最杰出的知识分子），雷蒙·阿隆撰写了《帝国主义共和国》（Imperial Republic）一文。① 这位伟大的法国思想家并不主张与美国分道扬镳，但是通篇看来，他的文字充满了愤怒感。文字越是率性而为，其传递的情感也就越强烈。在该文的最后一部分分析中，尤为引人注意的是这样一种具有稳固性的摇摆现象，一方面是因怨恨而生的行为冲动，另一方面是一旦意识到行为的成本太过于高昂，而又重新回归于苦闷的服从状态。欧洲人已经学会了在保持温顺的同时如何发出抱怨。人们还记得，克林顿政府的最后一任国防部长威廉·佩里（William J. Perry）在一次北约会议上提出要从欧洲撤走美国军队。此言一出，整个会场便陷入了震惊与死寂，旋即会场上各种请求美国人不要离开的声音便不绝于耳。在考虑与美国分开的问题上，欧洲最终是畏手畏脚。

欧洲是经济上的巨人，军事上的矮子。当真会有人认为这种状况将有可能发生改变吗？在克林顿政府的最后几年时间里，欧洲无力以一个步调应对巴尔干发生的种族清洗。欧洲由此遭受了巨大的震动。欧洲要迈向更高程度的统一，在当时，这一承诺并没有带来什么实实在在的结果，其中的原因我们先前已有提及——在涉及集体安全的问题上，欧洲国家心思各异；在欧洲国

---

① Aron（1979）.

家内部达成妥协（更不要说共识）常常困难重重；面对安全方面的事务，已有的制度捉襟见肘，能力有限。[1] 尽管凯瑟琳·阿什顿（Catherine Ashton）被任命为欧盟外交事务代表，但是，在外交事务方面，究竟是谁在代表欧洲发声呢？安全事务方面面临着同样的问题。迄今为止，欧洲快速反应部队是令人失望的，这不仅仅是因为它与北约的反应部队事实上相互冲突。在军事事务方面，法国与英国之间存在很大的分歧。尽管自从2010年以来美国的军事开支一直在下降，但是，它仍占全世界军事开支总额的近50%。[2] 在这方面，欧洲并没有缩小与美国差距的迹象。例如，在2012年，北约的所有欧洲成员国仅仅贡献了北约预算的约28%，剩余的72%则来自于美国——自2007年以来，这一差距就在不断拉大。2014年，北约在防卫方面的开支预计大约仅占到世界国防开支的17%，这还不到美国的一半。[3] 此外，几乎没有迹象表明，欧洲希望能够自主运用其武器系统。换言之，技术分享所带来的沉淀资本似乎确实造就了某种禁锢效应，这使得欧洲人在这一领域中十分依赖于美国。最后，尽管英国和法国均拥有核武器，但是，正如我们在先前一章中所分析的那样，他们使用核武器的可能性微乎其微。这里的关键并不在于北约成员国

---

[1]　Smith（2013），p. 664.

[2]　美国国防部（2013），第7页。尽管在2001年的恐怖袭击之后美国的军事开支急剧上涨，但是，随后却急剧下降，从7110亿美元下降到2012年的6680亿美元，预计在2013年将进一步下降。在本书写作之时，美国国会正在讨论将在2014年进一步削减军事开支。

[3]　NATO（2014）.

或是欧盟成员国软弱无力——毕竟它们在伊拉克、阿富汗、利比亚、波斯尼亚、科索沃和其他冲突中都扮演了重要的角色。这里的关键在于这样一个事实，即与美国相比，欧洲在安全事务方面的决断行为能力相差太远。进而，当美国继续作为地缘政治安全的提供者而存在时，欧元真的有可能取代美元的地位吗？事实上，在中欧的那些欧盟新成员国眼中，美国的这种作用仍旧是不可或缺的。在 2000 年至 2010 年间，美国公司在欧洲的投资总额大约为 1.3 万亿美元，占美国同期对外直接投资总额的 60% 强。全世界 63% 的外来直接投资（inward foreign direct investment）以及超过 75% 的对外直接投资（outward foreign direct investment）发生在美国与欧洲之间。① 由于它涉及美欧双方均对彼此开放市场，因此，它影响的不只是贸易。欧洲在经济上更为先进，但是它却处于一种根本性的依附地位。

结　语

让我们对本章予以简要总结。我们首先指出，在资本主义社会内部存在着很多不同的类别，并没有迹象表明这种差异性正在走向消亡。其次，尽管欧盟取得了相当大的成就，但是，欧盟几乎不可能挑战美国。欧盟内部的多样性使得它不可能步调一致地采取行动。在军事事务方面也是如此。在本书写作之时，普京宣布俄罗斯吞并克里米亚，同时挑战乌克兰的主权，但是，欧盟各

---

① Hamilton and Quinlan（2011），pp. vi – vii.

国在如何应对俄罗斯方面却立场不一。跨大西洋共同体内部存在着紧张关系，但是，尽管欧洲人对美国颇有微词，他们却不得不继续依赖美国——没有迹象表明欧洲正在试图努力控制自己的命运。选择与美国一刀两断十分困难，更可能的情形是这种现状将继续下去。

　　然而，如前所述，2014 年欧盟议会的选举震惊了整个世界。如果右翼激进实力继续获得支持，那么，它有可能导致欧洲内部的分裂。由此可能导致严重的地缘政治与经济后果。有人甚至担心，事态的发展有可能会无法控制，以至于导致英国选择退出欧盟。欧元本身也有可能瓦解。这势必将引发国际货币市场的大混乱，也会令那些从事国际商业的人们愁眉不展。在这些情形之下，对于保护主义的担忧似乎是不无道理的，这将进一步挫伤本已羸弱的欧洲经济——欧洲仍在努力从 2008 年的金融危机中走出来。所有这些或许将为欧洲大陆带来危险的民族主义倾向。当一想到这些后果时，人们都会不寒而栗。

第六章 依然是地球上最强大的国家？

美国无疑拥有并实现了我们在前文所确定的国家的职能责任
（functional responsibilities）。美国的国内秩序安然无虞，在美国，
大学的辉煌与监狱的凄惨以及众多美国黑人所在的贫民区并行不
悖。同样显而易见的是，美国是唯一一个完全掌握自身安全的北
方国家，而这不仅仅是因为大洋的（地理）保护使得它不必担
心大多数邻国带来安全压力。在经历了惨烈的内战之后，美国在
19世纪确立了稳固的单一归属感，将可能存在的南方的国家认
同一扫而空。内战之后，人们对于美国价值的坚守已经达到了极
高的程度，这部分是因为美国的国家认同所拥有的灵活性：这一
点或许即将在美国政治中发生改变（假如不是在社会整体层面上
发生改变的话）。① 但是，我们业已超越了这三点，进而强调美
国的霸权权力（hegemonic powers）。国家兴起与衰落的事实引出
了我们这一章的核心问题：美国能够保持其地位吗？

---

① Hall and Lindholm（1999）。威尔逊（Wilson, 1996）的研究表明，那些贫穷
的非洲裔美国人强烈认同传统的美国价值（比如，勤奋工作、原子家庭等等），但
是，他们也意识到，由于他们贫困的经济状况造成了一些结构性的障碍，这使得他们
无法达到这些传统美国价值的要求。

爱德华·吉本（Edward Gibbon）和保罗·肯尼迪（Paul Kennedy）等理论家们常常指出，大国无疑存在兴盛与衰落。这其中似乎涉及三个过程。[①] 首先，大国可能会从其地位上被拉下来，或是在战争中被击败或是因为战争而元气大伤——这就是20世纪的德国和英国所经历的事情，战争几乎耗尽了这两国的资源基础。其次就是，或许存在着技术创新的"捷径"（sideways move）。托斯丹·凡勃伦（Thorstein Veblen）在研究德意志帝国和大日本帝国时分析了这种状况。德日两国都发现，他们有可能采纳最新的技术而不必背上先发国家的制度包袱。[②] 第三，大国的衰落还有可能是由于这样一种情形，即它将自己的成功进行了制度化，进而失去了适应不断变化的环境的能力。在审视美国时，我们将逐一分析这些因素，这些分析并非泾渭分明，因为它们彼此之间总是存在着重合和交织。

但是，我们的分析将集中在"霸权"上，这有助于我们确定分析的结构。霸权稳定理论认为，通过提供主导型货币、防卫与（用于发展目的的）资本输出——有时候还包括吸收世界其他地方剩余产品的能力（考虑到霸权国庞大的国内市场规模），居于领导地位的国家能够为资本主义带来稳定。需要指出的是，从霸权稳定理论中还可推出最后一点：改编借用一下让-保罗·萨特（Jean-Paul Sartre）的一句名言，霸权的衰落还源于他者的行为。提供公共产品的成本破坏了霸权国自身的政治经济。正是

---

① Mann（1988）.

② Veblen（1915）.

基于这种状况，才产生了共同负担成本的呼吁。

我们有必要对这一理论进行评论。首先，这一理论太过于简洁，这并不仅仅是因为这一事实，即随着其主要竞争对手苏联的垮台，美国的权力（一下子）从一个受到威胁的资本主义体系之中扩展到了全世界的大部分地方。同样重要的是，美国权力之源随着时间的变化而各异，尤其是与俄罗斯相比，美国的军事实力与过去一样强大，尽管人们对于美国经济的健康状况提出了一些质疑。有一种观点将美国塑造为一个慈祥而无私的领导者，我们必须要对其提出质疑，这点十分重要。战后，美国帮助西欧和日本重建，并且，还为资本主义提供了防卫，以对抗其（资本主义的）竞争者。但是，利他主义是一种稀缺的资源，而权力能够被用于推进自身的利益。如前所述，美国近来利用其享有的权力优势，这使得很多人用"帝国"而非"霸权"来形容它。我们同时还要指出最后一点。在当今世界上，一方面是精英层面对于美国的意识形态意义上的反感，另一方面则是美国的大众文化日益增强的影响力，在这二者之间存在着差异。好莱坞并没有死亡，匡威全明星战靴（Converse All Stars）也没有失去其令人着迷的地位。

考虑到这些复杂性，我们或许应当让读者们了解这一点，即在理解美国的权力时，本书的两位作者之间也存在一些分歧。其中的一位作者是有些悲观失望的欧洲人，他羞于看到欧洲现在无所事事的地位，因而并不认同那些反美情绪——因为他十分清楚美国仍旧拥有的力量。而另外一位作者则是一位充满愤怒的美国公民，他对于自己国家无力解决自身的问题沮丧不已，因此，他

对于美国衰落的可能性十分敏感。这些"花絮"（amusement）
并不应当误导读者：我们的目的是经验性的，即指出美国地位的
强大与虚弱之处。我们十分清楚这一点，即美国的力量并没有出
现决定性的变化。我们将其称为是"半瓶水"，即一半瓶子是满
的，而剩下的另一半则是空的——读者们需要自己判断美国的力
量究竟是更强大一些，还是更为虚弱一些。

枪炮与地缘政治

我们首先从一些冷冰冰的事实开始。美国拥有毋庸置疑的帝
国影响力。它拥有 695 个海外军事基地，分散在 40 个国家和若
干海外领地。① 这一"显要"地位基于这样一个简单事实，即美
国现在的军事开支占全世界军事预算的一半左右，或许要比它之
后的七个军事支出大国的军事开支总和还要多。当然，这一数字
在某一方面是有误导性的：将一位美国大兵派往战场的成本是很
高的，而招募一位阿富汗的部落成员参军的成本却极低——后者
能够准确射击并且有着更了解当地地形的"先天优势"。然而，
有一点却是毋庸置疑的，即美国武器的摧毁能力及其最少的人力
成本——美国在阿富汗使用无人飞机就是明证。另一事实就是美

---

① 美国国防部（2013），第 7 页。这是一个保守的数字，因为美国国防部将军
事基地界定为"拥有至少 10 英亩的土地范围且（相关设施的）价值在 1000 万美元
之上"。它不包括美国中央情报局在全世界的行动。因此，这些数字并非是公认的，
有些人指出实际的数字应当更高。毋庸置疑的是，拥有美国军事人员的国家的数量还
要更高不少。

国在其同盟体系中居于核心位置，这最为明显地体现在北约最高司令官过去是、现在是，并且将来也会是由美国公民来担任。美国的盟国们很可能被卷入美国的战争中，而美国则享有置身于盟友的战争之外的"特权"。

有必要讨论一下军事武装的成本问题。评估一国国防负担的最好方式是看其占国内生产总值的比重。美国的国防开支比世界上的任何国家都高，这无疑是事实，但是，我们必须指出的是，相关的公共讨论却几乎遗忘了一个基本事实——尽管美国在安全上面的开支总额规模很大，但是，现在却仅占美国国内生产总值的很小比重，甚至在伊拉克战争与阿富汗战争期间也是如此（这是美国历史上持续时间最长的战争）。相关的数字也是不精确的，因为某些安全方面的开支（部队医院、美国中央情报局、对于进行中的战争的特别拨款）都没有计算到这些总类别之中。[1] 但是，从整体上看，这一数字却呈现出不断下降的趋势：从 20 世纪 50 年代中期的约 14%（军费开支占 GDP 的比重）[2] 下降到 2012 年的仅为 4.4%（6820 亿美元）。[3] 这也凸显了霸权稳定论

---

[1] 另一方面，我们也不应当忘记这一点，即美国总是能够得到其盟友实质的、及时的支持，来帮其分担国防成本。特雷弗顿（Treverton, 1978）详细论述了美国的盟友如何帮助美国分担军事基地的成本。我们不应当忘记的是，在第一次海湾战争期间，日本和欧洲的经费支持甚至还为美国带来了一些"利润"——假如我们可以使用这样的词汇的话。

[2] Brooks et al.（2012），p. 18.

[3] 斯德哥尔摩国际和平研究所（Stockholm International Peace Research Institute）（2012）。中国、俄罗斯和英国是位居美国之后的第二大、第三大和第四大军费大国，其军事开支分别为 1660 亿美元、907 亿美元和 608 亿美元。

的不足之处：按照霸权稳定论的说法，由于承担了太多的军事开支，霸权国最终将难以为继。对于这种说法的质疑还不仅如此。霸权稳定论的一个观点就是，过多的军事开支将有可能挤压在其他领域的创新，因为最好的人才都被吸引到军事部门了。然而，美国的情况却并非如此。与之相反，重要的工业创新——从互联网的崭露头角到全球定位系统，再到机器人、人工智能、航空航天、超媒体（hypermedia）以及虚拟现实技术（virtual reality）的突破——都是由美国国防部先进研究项目局（DARPA）资助或是直接推动的，这是隶属于美国军方的研究机构。很多人因此认为美国国防部先进研究项目局事实上掌管着美国的工业政策。[①] 在这方面，我们不应当忘记社会研究的一个由来已久的传统，即总是强调军事开支的好处而不是其成本。美国的军事凯恩斯主义（military Keynesianism）的一个内容就是，国防开支的任何大规模削减都有可能损害美国的经济。尽管如此，我们也必须加上税收方面的考虑。美国实际的国防负担或许很轻，但是，美国的税负也要比大多数其他北方国家低不少。因此，在 2012 年，国防开支占到美国联邦政府可支配资金的近 40%，这一事实使得其他政策领域中的创新变得困难重重。[②] 然而，在可预见的未来，单从军事开支来看并不可能损伤美国的霸权地位。[③]

军事实力并不能完全衡量美国的地缘政治权力（geopolitical power）。对于国家而言，同样重要的另一个因素就是它所拥有的

---

① Block（2008）；Weiss（2014）.

② 美国预算与优先政策中心（Center on Budget and Policy Priorities, 2013）

③ Brooks et al.（2012）.

朋友以及所面临的竞争对手的数量。在这两个方面（即所拥有的
朋友以及所面临的竞争对手的数量上），美国都居于有利地位。
考虑一下北约与东南亚条约组织（South East Asian Treaty Organi-
zation）我们便可窥豹一斑。我们业已表明，尽管北约内部存在
一些紧张关系，但是它仍旧保持有活力，也没有迹象表明北约正
在分裂。东南亚的情况更为复杂，但是，源于 20 世纪 30 年代和
40 年代的仇恨感仍旧很强。因此，或许可以将美国现在重返太
平洋的战略举措称为是"受邀的帝国"（empire by invita-
tion）——这一称谓原本是描述美国在欧洲的邀请下建立北约，
但是用于形容当下东南亚地区的情境也是适当的。这一战略举措
针对的是中国。东南亚需要一定的平衡感。与过去相比，中国带
来的挑战要小很多：给东南亚国家带来的威胁已经被人遗忘了，
现在，中国的决策层精于算计。在军事能力上，中国无疑是极为
弱势的，无论是官方还是非官方的消息都表明，中国仍旧将国内
的发展作为其主要任务——这不仅仅是因为中国有着如此之多的
国内问题需要解决。此外，另一个事实就是，中国要依赖美国方
可进入开放的国际贸易体系，因此，中美之间同时存在着竞争关
系与利益关系，这就形成了一种相互依赖状况。

　　同样重要的是要考虑美国在世界上的行为方式。"二战"之
后，美国一直卷入国外众多的军事与外交行动之中。在一些行动
中，美国发挥了令人称道的作用，但是在另外一些行动中，美国
的作用则不大正面。然而，自从 2001 年 9 月 11 日之后，一切都
改变了。布什政府宣布美国要入侵伊拉克，然而美国的众多盟友
却拒绝与美国并肩而战。后来的证据表明，美国决定入侵伊拉克

的理由往好的说是具有误导性，往坏的说就是捏造的，这就损害了对美国领导人的信任感。[①] 入侵伊拉克和阿富汗的军事冒险非但没有铲除基地组织和国际恐怖主义，反而似乎进一步强化了中东地区恐怖主义分子的更新能力与制造不稳定的能力，尤其是在阿布扎比发生的虐待恐怖主义疑犯的丑闻更是火上浇油。[②] 此后不久，爱德华·斯诺登（Edward Snowden），美国国家安全局的一位情报分析员，向媒体泄露了数千份高级机密文件，将美国国家安全局多年来秘密进行的大规模窃听计划公布于世。这立即掀起了国际社会的谴责声浪。

　　因此，我们正处在一个不稳定的时期，而这种不稳定性部分源于美国的侵略行径。但是，现在的状况或许不会长久持续下去。美国可以不同的态度来面对全世界。"单极运动"（unipolar movement）带来的是不受限制的个人英雄主义。在此种情况下，美国的政策受到诸如保罗·沃尔福威茨（Paul Wolfowitz）等学者的影响，他们不仅致力于重新塑造中东地区，而且还天真地认为，在伊拉克的占领军将会得到当地民众的欢迎。美国在伊拉克的军事介入已经结束了，尽管我们现在还远不能确信，它留下来的摊子究竟是否要比它推翻的那个政权要更好一些。同样的情形

---

　　① 里奇（Rich，2006）详细描述了布什政府操控相关证据，目的是为美国对伊拉克的入侵提供理由。从罗纳德·里根开始，所有共和党的总统都有秉持新保守主义立场的顾问，但是，这些人对于外交政策的控制在小布什政府时期达到了顶峰。他们怂恿小布什决定在 2003 年入侵伊拉克，以推翻萨达姆·侯赛因的独裁统治（Mann 2013，pp. 278 - 283）。

　　② Mann（2013），p. 301.

也在阿富汗上演,而美国也正在撤离阿富汗。伊朗的地位越来越重要,它正在寻求发展核武器,这就与美国限制核扩散的核心外交政策目标背道而驰。沙特阿拉伯正在被卷入一场地区冲突之中,后者与 16 世纪和 17 世纪欧洲的宗教战争并无太多不同。但是,美国避免了介入叙利亚冲突。这也使得很多人开始怀疑美国的意志力。但是,这不应当被夸大。没有国家会怀疑美国军事力量的破坏性能力,而美国卷入了一场它根本就不理解的战争或许会极大地损害它的国际声誉,它或许最终不得不从这场战争中抽身出来。

英雄主义过去也曾成为美国外交政策的特征,典型的例子就是美国卷入越南战争。回顾过往也帮助我们重新回到我们先前的一个观点。有些人警告说,一旦"失去"东南亚将会导致产生这样或那样的成本,而事实证明,这种观点无疑是荒谬的。在越南战争期间,很多人认为,假如东南亚地区能够成为石油产地的话,那么,美国推行一种贸易政策(而非军事政策——译者注)或许会带来更好的结果。后来,东南亚国家经济发展的一个有利条件就是它们与美国的密切关系。总之,不卷入越南战争会给美国带来更好的结果。然而,小布什发动伊拉克战争与阿富汗战争的背后却并没有考虑美国经济需要。贸易仍旧是英雄主义之外的另一选项。美国应当花气力将自己国内的事情处理好,这不仅限于应对世界政治经济中的结构性失衡问题——现在美国对于外国石油的依赖度已经开始下降,因此,这一任务将比过去任何时候都更有可能实现。

活力与破坏、美元和债务

伟大的奥地利经济学家约瑟夫·熊彼特（Joseph Schumpeter）曾说了这样一句名言，资本主义的秘密就存在于创造性的破坏之中（creative destruction），即从夕阳产业和技术迈向新理念和实践的能力。我们将证明，美国在这方面的能力是尤为突出的，尚没有竞争对手能够超过它。

美国在"二战"结束伊始曾享有绝对主导地位，当时它生产了全世界50%的产品。现在，这一绝对主导地位已经不复存在了，因为那些遭到战争破坏的经济体必然会恢复元气。到了1980年，美国公司在海内外的市场份额急剧下降，甚至在那些它们曾占主导地位的产业中也是如此。[1] 另外，在1976年之后，美国开始从全世界借贷。[2] 德国与日本受益于汽车、钢铁、机械工具以及电子消费品领域中的最新技术与灵活性的生产工艺。随后，亚洲四小龙的崛起带来了进一步的竞争压力。美国开始失去它在世界经济中的竞争优势，因为它死守已经固化的、基于大规模生产之上的福特式生产体系（Fordist production regime），这无力对消费者瞬息万变的需求做出快速及时的回应。因此，美国的制造企业经历了严重的利润下滑。1963年至

---

[1]　Zucker et al.（1982），p.14.

[2]　这反映在经常账户平衡状况的恶化上。1976年，美国经常账户开始滑向（或多或少的）永久性逆差。1982年的逆差达到49亿美元，进入21世纪后，美国经常账户逆差剧增到每年1000亿美元到2000亿美元之间（美联储，2013a）。

1975 年间，美国企业在核心产业中的税前利润率平均下降了 46%，这包括橡胶与玻璃制品、钢铁、收音机与电视设备、机械工具、摩托车、造船业、农机具、重型电力设备、铁路设备以及金属加工品。①

当然，美国盟友的复苏正是美国想要的结果，因此，这既可以被看作是美国衰落的迹象，也可以被看作是美国力量的表征。我们还应注意到，在 20 世纪 70 年代末，美国占世界 GDP 的份额下降到了 25% 左右——此后美国一直保持着大致水平的份额。更为关键的是，美国在丧失其在制造业中的主导地位的同时，也将其经济支柱从制造业转向了服务业。1947 年至 2007 年间，美国经济中服务业的就业比重从 61% 增加到了 84%。② 并不是所有的"创造性破坏"都会带来经济上的进步。很多服务业中新增的就业机会集中在零售业、休闲与酒店接待以及医疗服务领域中，而这些职位的工资和福利待遇并不总是令人满意。尽管如此，那些在专业领域与商业服务领域中的职位则会带来更为优厚的待遇。③ 尤其是，服务业中很多新增的就业机会出现在技术密集型的服务行业之中，这带来了生产效率的提升。④ 根据其在股票市场上的价值，苹果公司曾短暂成为世界上最大的公司，现在仍旧是一个巨人，其产品从根本上改变了世界运转的方式。近年来美国出现的最为令人振奋、最具创新力的企业——微软、脸

---

① Bluestone and Harrison（1982），p. 148.

② Mishel et al.（2012），pp. 327 – 334.

③ Mishel et al.（2012），pp. 327 – 334.

④ Buera and Kaboski（2009）.

书、苹果——都首先萌生于美国的顶尖大学之中。这些大学并没有真正的竞争对手，它们吸收了世界上一些最为智慧的大脑。大多数诺贝尔奖花落美国，而很多诺贝尔奖得住是从海外移居到这些"智慧大本营"的（即指美国的大学——译者注）。

我们还需要考虑另外一些因素，这些因素都不是决定性的，这是因为它们自身也会出现频繁的变化。现在，美国经济的增长率要大大高于其他北方国家，这使得它能够更加从容地应对债务问题。① 在过去的五年间，美国经常账户赤字逐步下降，现在美国的失业率看起来要远低于欧洲国家。最为引人注目的是，美国的企业似乎已经恢复了活力：美国的股票市场最近已经屡创历史新高。

上述这些评论本质上具有比较性质，因此，这也意味着需要系统性地重新评估新兴大国所面临的经济挑战。与25年前相比，欧洲和日本现在所面临的挑战看起来要更小些。但是，我们对于金砖国家的评估却完全不同：虽然它们占世界总产出的比重大幅度增加，但是，却并没有对世界经济秩序提出根本性的挑战。作为金砖国家中的翘楚，中国远没有在国际市场中占据主导地位，尤其在高精尖领域和著名品牌方面更是如此。在全球20个知识型区域（knowledge regions）中，美国与欧洲占据了18个。在2009年，美国对中国的直接投资要高出中国对美国直接投资的20多倍。② 最后，我们

---

① 经合组织预计美国在2014年的实际GDP增长率为2.9%，而欧元区仅为1.0%，经合组织国家的平均增长率为1.2%（经合组织，2013）。

② Hamilton and Quinlan（2011），p. vii, viii, xvi.

已经看到，新一代的新兴国家（new generation of rising powers）
的规模要更小些，它们的起点要比金砖国家高——即，经济上
更为先进——这使得它们对于美国经济霸权地位的潜在挑战要
小很多。[1]

我们现在很有必要重新回到铸币权利差铸币税（seigniorage）
的问题。美元仍旧是全世界的储备货币，因此，美国仍旧享有其
特权。这帮助美国从 2008 年的金融危机中走了出来：通过简单
地增加货币供应量，美国国会通过了近 1 万亿美元的凯恩斯式刺
激计划，美联储又推出了 4 万亿美元的"量化宽松"计划
（quantitative easing program）。尽管这助长了政府债务的增加，但
同时它也使得美元贬值，进而为美国带来出口方面的优势。此
外，在世界经济动荡不安之时，外国投资者仍旧愿意购买美国国
债（Treasury Bonds）——这就解释了这一看起来不同寻常的现
象，即在 2008 年金融危机期间美元处于更加强势的地位。[2] 如前
所述，很多国家对于美国的特权地位十分不满。对于它们来说，
发展仍旧大体上取决于能否借到以美元为载体的资本。在经济景
气时，这当然不会有什么问题。但是，当经济形势改变时，它就
可能会带来灾难性的后果。

最后让我们来讨论下美国的债务规模（16.6 万亿美元）问
题。这一问题之所以是争论的核心，尤其是因为担心外国人或
许会控制美国社会——考虑到 46% 的债权人来自于美国之外的

---

[1] *The Economist*（2013a）.

[2] Prasad（2014）.

地方，这一担忧或许并不无道理。中国是美国最大的债权国，它拥有 1.3 万亿美元的美国国债，占外国人所持有的美国国债总额的 23%。但是，我们对于这种担忧持怀疑态度，原因如下。首先，16.6 万亿美元这个数字具有误导性。因为其中的 4.8 万亿美元流向了美国的一些机构，尤其是流向了社会保障机构——这实际上相当于储备一些金钱以备将来不时之需。同时，联邦储备银行（Federal Reserve Bank）持有 1.7 万亿美元的国债。另有 4.4 万亿美元债务是美国国内的债权人持有的（主要是私营部门）。因此，只有约 5.5 万亿美元国债是由外国实体持有的，其中大约有 3.9 万亿美元由外国政府和中央银行所持有。换言之，美国仅仅欠外国人 5.5 万亿美元债务，这是微不足道的。这得益于美国能够控制自己的货币（感谢美国享有的铸币权利差）以及美国超大的经济规模（其经济价值在 43 万亿美元到 164 万亿美元之间）。[①] 其次，仅就中国而言，它仅仅持有美国全部未偿还债务的大约 8%。此外，中国的出口严重依赖美国市场，同时，中国也依赖来自于美国的直接投资。我们已经提到，这就使得中国有强烈的经济动机选择与美国合作而非对抗。第三，将外债作为影响美国的工具，需要若干国家彼此协调方有可能奏效。由此涉及的集体行动难题是极为巨大的。[②] 日本持有的美国债务规模几乎与中国相同。考虑到这些国家曾经的冲突历史——最近的一个例子就是两国为了毫无价值的钓鱼岛

[①] Alpert（2013），pp. 227－228.

[②] 假如金砖国家试图抛售其规模庞大的美元储备的话（总值为 4.6 万亿美元），也会面临相似的集体行动难题（*The Economist*，2013a）。

而争执不下——因此，很难想象它们会彼此合作，以迫使美国改变政策。

自我导致的伤口

卡尔·马克思曾指出，根本的社会变迁并非总是源自于一个崛起的阶级对抗一个衰落中的阶级并最终取而代之。在他看来，古代世界的终结带来的是另外一种情景：阶级之间的冲突并未解决，最终导致走向共同毁灭。在这一部分，我们关注的问题就是美国是否也存在这种毁灭的真实可能性。我们追溯极端右翼的兴起，解释其兴起的原因，并分析它破坏美国霸权权力的可能性。

战后初期形成的相对共识到了 20 世纪 60 年代就不复存在了。这一动荡的十年见证了非洲裔美国人争取民权的斗争、反战运动、女权主义、要求实行更好的环境标准的努力以及暗杀活动。结果之一就是白人男性工人阶级选民的疏离感，这类人群本来是民主党传统的支持核心，但是现在，他们不满于平权法案（affirmative action programs），不满于为福利项目而征税——这些福利项目明显是服务于那些与他们不同的人。政治的中心于是开始向右转。共和党团结一致，共同致力于抵制严苛的规制、降低税收以及限制政府开支。而民主党当时经历了一场认同危机：工人组织的力量在变弱，而中产阶级选民正将民主党拉向更为保守的方向——在尼克松政府的丑闻暴露后，这些中产阶级选民选择逃离共和党。① 正是民主党在 1978 年通过了递减所得税改革。但是，新自由主义对于税收、政府开支、经济管制以及通货膨胀最为彻底的攻击发生在罗纳德·里根的两届任期内。克林顿政府也沿着里根的道路继续前行，废除了格拉斯 斯蒂格尔法案（Glass-Steagall Act），该法案自 20 世纪 30 年代以来就一直将商业银行与投资银行区别对待。克林顿政府还通过立法，禁止联邦政府监管抵押担保证券（mortgage-backed securities）的场外交易市场（over-the-counter markets）、信贷违约互换（credit default swaps）以及其他复杂的金融衍生产品——这些被投资家沃伦·巴菲特（Warren Buffett）称作是大规模杀伤性金融武器。自由市场被认为比政府监管的市场更有效率。② 监管的式微也为 2008 年的金融危机埋下了种子。

美国政治经历了保守主义的转向，个中原因十分复杂。在这里，我们需要区分四个因素。首先，苏联解体以及冷战结束提供了至关重要的背景。在苏联解体之前，美国政客们对彼此更为宽

---

① 工人运动势力的衰落很大程度上是由于我们先前提高的经济结构重组。如果从欧洲的标准看，美国的工人运动一向很弱。在美国，加入工会的工人的比重在 20 世纪 50 年代达到了顶峰，大约为 35% 左右，这是经合组织国家中最低的。从历史上看，工会的力量主要源自于制造业中，但是，随着就业机会转向了服务业，工会会员的比重就下降。在美国，1985 年仅有 18% 的工人加入了工会，而到了 2007 年，这一比例下降到 13.5%。工会势力的衰落也有其他原因，包括打碎公司工会运动（corporate union busting campaigns）、联邦政府的相关政策使得工会的组织活动更加困难，使工会自身无力组织服务业中的工人。此外，就业机会向国外的转移也导致了工人加入工会比例的下降（Mishel et al. 2012, pp. 327 - 334）。

② Campbell（2011）.

容，因为他们相信，他们之间的过度分裂或许会以各种方式助长苏联的威风。在苏联解体后，他们变得没什么顾虑了。保守主义者进而指出，冷战的终结证明了他们的信念是对的，即市场是好的，而国家干预则是恶的。

其次，金钱逐渐（对政治）产生重大影响。涉及联邦竞选资助的相关法律的修改以及最高法院近来的若干决定都向人们透露出这样的现实：从 1998 年到 2012 年，用于联邦竞选上的开支从 16 亿美元骤升至 63 亿美元，而同期用于游说联邦政府的资金从 15 亿美元激增到 33 亿美元。[①] 保守主义者迅速抓住了新通讯技术带来的机遇。拉什·林堡（Rush Limbaugh）、格林·贝克（Glenn Beck）与肖恩·海尼提（Sean Hannity）利用广播和电视大肆攻击国会中的民主党人以及白宫。[②] 资金的注入也解释了一些保守主义智库在华盛顿的兴起，尤其是传统基金会（Heritage Foundation）、卡托研究所（Cato Institute）以及全国政策分析中心（National Center for Policy Analysis）。这些智库在华盛顿挑起了观念上的冲突，以崭新的方式恶化了意识形态分裂与党派偏见。[③] 有些人认为 20 世纪 60 年代和 70 年代，美国的法院中出现了日益自由化的左翼风向，于是，法律界便发起了对这些现象的战略反击。保守主义力量鼓吹在司法判决和法律院校的课程中要

---

① Center for Responsive Politics（2013）.

② 最终，政治左翼人士通过自己的有线电视与广播节目进行回应，例如微软全国广播公司节目（MSNBC）的瑞秋·麦都思（Rachel Meadows）与美国喜剧中心频道（Comedy Central）的"每日秀"（The Daily Show）。结果就是，政治生活的进一步极化。

③ Campbell and Pedersen（2014），第二章。

推行"法经济学"（law and economics）的研究方法。"法经济学"的研究方法就是新自由主义在法律哲学上的映射。在一些保守主义慈善基金会的资助下，在有名的保守主义法学家［比如芝加哥大学的理查德·波斯纳（Richard Posner）］的鼓吹下，这场运动为法官们安排免费的研讨会，为法学系的学生们提供奖学金，并为全国的法律院校（包括哈佛）提供资金支持，以推介"法经济学"研究方法。①

我们在前面业已提及与平权法案相关的第三个因素，但由于其在美国人的生活中居于核心位置，因此有必要对其予以系统性的分析。最近在美国政治中所发生的事情背后，几乎都能够发现种族问题的影子，这似乎成了美国人生活中容易犯下的罪恶（besetting sin）。毫无疑问，金钱的大量涌入主要是由于美国人生活中的种族主义仍在兴风作浪——这尤其表现为众多美国白人对于一位非洲裔美国总统发自肺腑的不感冒。重要的是，种族关系正在美国政治中占据更为核心的位置，这也将美国推向了与很多欧洲国家相类似的境地。现在，美国的西班牙裔群体要大于非洲裔群体，前者现在占美国总人口的17%，预计到2060年，这一比例将攀升至31%。奥巴马之所以能够赢得第二个任期，与西班牙裔和非洲裔选民的强力支持不无关系。尽管大多数美国人——无论其种族或民族如何——都秉承共同的价值（关于家庭、努力工作等等），但是，在政治方面，美国社会的鸿沟却越拉越大，并且这一现象也没有任何行将消失的迹象。少数族群可

---

① Teles（2008）.

能会支持社会项目以及其他事务——其中很多涉及移民问题，比如保护边界以防止非法移民、移民配额、移民在教育、社会福利以及医疗保障福利方面的权利、获得公民权的途径，甚至是投票权——现在看来，这些事情在未来的若干年内将主导美国的国内政治。

最后，基督教保守性群体运动的组织化程度日益提高，这也助长了美国政治的分化。这其中就包括"道德多数派组织"（Moral Majority），它由杰瑞·法威尔（Jerry Falwell）于1979年成立。法威尔是一位来自于美国南方的基督教福音派牧师和电视布道家（televangelist）。这一基督教右翼组织反对堕胎、同性恋、同性婚姻以及达尔文的进化论，支持那些认可他们观点的政客。尽管他们并不是特别关注经济政策，但是在社会问题上，他们施加压力，迫使共和党人采取了极为保守的立场，进而助长了美国政治中的右倾化与意识形态的分化。

让我们现在看看这种政治上的两极分化会给美国带来怎样的负面影响。我们随时都要记住，国内的僵局已经开始对美国在世界上的霸权地位产生严重影响。金钱或许并不是推动世界运转的唯一因素，但是，它的重要性毋庸置疑，因此，我们就先从讨论金钱开始。

税收是国家的原动力，因此，我们就先谈谈财政问题。美国面临着长期的政府预算赤字问题。从20世纪80年代开始，美国政府的债务水平从占GDP的大约30%增长到100%。[1] 这一状况

---

① 美联储（2013b）.

可能会进一步恶化。奥巴马政府削减军事开支的举措会起点作用，但作用有限，因为公民权利计划（entitlement programs）占美国联邦政府总开支的很大一部分（38%）。随着"婴儿潮"一代逐渐变老，并开始领取社会保险和医疗福利，这些项目的资金需求将会大幅增加，这（与其他开支一道）会导致美国联邦政府的赤字在 2030 年将占 GDP 的 4.5%。①

有些人已经对于美国的债务问题表示怀疑。现在，我们要加上关键的一点：让人担忧的并不是债务的规模本身，而是围绕偿还债务问题而发生的政治问题更让人揪心。加入提高税收并且（或者是）削减开支的话，美国的债务问题很快就会得到解决。在发达资本主义国家中，美国的债务负担占国内生产总值的比例是最低的，这意味着，美国完全可以恢复财政平衡状况。② 但是，大幅度提高税收的可能性微乎其微。随着茶党运动（Tea Party）这一保守主义运动的兴起，要求削减税收的呼声越来越高——讽刺的是，茶党的很多成员都是社会保障和医疗保障的受益者。③ 削减开支的可能性同样渺茫。由政府自由决定的开支仅占联邦预算的 17%，因此，真正的改变需要削减各种权利和福利——即，富人享有的税收减免以及公共福利项目的减税优惠。④ 简言之，

---

① 美国社会保障总署（2013）.

② Campbell（2004），第五章。

③ Skocpol and Williamson（2012）.

④ 税收减免的规模不应当被忽视。由于税法存在数以千计的漏洞——其中很多正是一些公司和有钱人游说的结果——国家每年损失的收入达到数十亿美元，这构成了所谓的"隐性的福利国家"（hidden welfare state）。

美国要避免面临严峻的财政问题，就需要实质性地改变政治现状——现在看来似乎不大可能。在 2013 年末，国会的一个特别委员会曾试图解决预算问题。有人设想，假如政客们同意在削减开支和提高税收方面达成某些一致意见的话，那么，一个大的妥协方案就有可能形成。然而，这并没有如愿发生。保守主义人士批评自由主义者拒绝削减开支，而后者则批评前者拒绝提高税收。民主党人在过去倾向于对富人和企业征收较高的税，然而，现在他们却并不致力于此，因为他们担心此举会导致疏远富人和企业，进而影响民主党人在未来选举中的资金筹措。同样，共和党人在过去倾向于削减社会福利项目，现在他们也不再坚持大规模地缩减这些项目，因为他们的选民中很多是依赖于这些项目的退休人士。[①] 因此，12 月份达成的最终协议并没能从长远上解决财政问题，只是将 2014 年的预算赤字削减了微不足道的 280 亿美元。[②] 这一切并不令人感到惊讶。

财政问题削弱了美国经济的竞争力。尽管美国在人均教育开支上超过了经合组织国家的平均水平，但是，与经合组织国家的平均水平相比，美国学生（15 岁）在数学能力方面大幅落后，在科学知识方面略微落后，只是在阅读方面勉强达到了经合组织国家的平均水平。随着美国从制造业经济向服务业经济转型，上述这些情况并非好兆头——尤其是，诸如生物技术、信息与技术系统以及软件工程学之类的知识型产业（knowledge-based industries）

---

① Calmes（2013）.

② Rattner（2013）.

的竞争日趋激烈。问题部分源于这一事实，即与经合组织国家的平均水平相比，美国的教育机会的分布更不公平。同样重要的另一因素则是美国的基础设施的投入水平出现了急剧下降：从 2002 年的 3250 亿美元下降到 2014 年的 2250 亿美元。[①] 如果美国无力维护其桥梁、高速公路、通讯设施和港口的话，美国的经济将会受到牵绊。世界经济论坛每年会对各国的综合经济竞争力进行排名，排名基于若干政治指标和经济指标。在 2012—2013 年的报告中，美国在基础设施方面的排名仅列世界第 14 位，这比美国在 2008 年的排名下降了 7 位。[②]

　　国会中的僵局也会削弱美国自 1945 年之后便享有的铸币权。因无法就预算问题达成一致，美国政府曾在 2013 年短暂关闭，但是，这一切仅仅是对 1994 年类似事件的重演。更为严重的是，国会中的共和党人威胁要否决政府提高债务上限的提议，这很可能迫使美国政府无法履行其偿还债务的义务。这将导致美国的信用等级被降低，进而弱化美元作为世界储备货币的价值。国际货币基金组织总裁克里斯蒂娜·拉加德（Christine Lagarde）警告说，美国如若不能履行其债务义务，这将会导致"世界范围内的大规模破坏性后果"，并将严重削弱全世界对于"美国所做出的承诺的信任"。最终，共和党人撤回了这一威胁。但是，信任感的下降似乎可能会加快一个业已出现的趋势，即削弱美元在世界事务中的核心作用。在 2011 年，中国和日本达成直接货币兑换

---

① 《金融时报》（2013）。
② 世界经济论坛（2012），表 5。

协议，两国的公司将不再使用美元进行彼此之间的贸易。金砖国家也宣布了类似的协议。同样，国际货币基金组织近来将澳元和加元加入到了世界最为安全的货币名单之中，该名单还包括欧元、英镑、日元和瑞士法郎。美国的经济问题所引发的动荡导致美国占全球储备货币的比重从 2000 年 71.1% 下降到了 2010 年的 62.1%。[①]

金融方面的最后一个问题则涉及本书两位作者之间的分歧。正是由于美国的政策，整个世界一直面临着金融危机。1997 年的亚洲金融危机部分是由于采纳华盛顿共识的政策所导致的，其中的一个首要原因就是新自由主义的放松资本控制的做法——当外国投资者意识到经济问题行将爆发之时，这一做法为快速的资本外流打开了方便之门。[②] 当然，2008 年的金融危机相比则更为严重些。现在，国内外均意识到了这一点，即此次危机源于金融服务业中相当程度的放松管制，这就导致了著名的次级抵押贷款（sub-prime mortgages），而后又被证券化并在全世界范围内进行交易。关键的问题是，这造就了各类房地产和资产的价值泡沫，而这又依赖于大规模借贷的能力，这些贷款最终来自于全球金融的不平衡状况。那些有远见卓识的决策者只有采取完全与新自由主义理论相悖的方式，才能拯救整个银行体系。也只有这些决策者才能够避免第二次大萧条时代的来临。

新自由主义和美国的领导层被认为是此次危机的罪魁祸首，

---

① 国际货币基金组织（2013）。

② Krugman（2009）；Stiglitz（2012）；Wade and Veneroso（1998a, 1998b）.

这使得世界各地的很多精英意识到，国际金融体系并不是由令人放心的人掌控的。[①] 这种感觉至今挥之不去。当然，多德-弗兰克法案（Dodd-Frank Act）的通过，为美国金融服务行业带来了众多新的监管措施，其中包括联邦政府对于抵押借贷行为的监管、对于抵押物证券化的监管以及对在场外交易市场（over-the-counter markets）的监管。但是，故事并没有到此为止。即便是在危机的最高点，国会中的新自由主义者仍旧反对救助与刺激计划的规模。不仅如此，反对实施多德-弗兰克法案的力量一直很强大的。金融服务行业极尽所能进行游说，试图软化该法案的实际监管效力，这可以从该行业用于游说的资金规模上窥豹一斑。在 2012 年，为了捍卫多德-弗兰克法案，美国最大的五家保护消费者权益的群体共向国会山派去了 20 位游说者。与之相比，为了削弱、延迟以及废除多德-弗兰克法案，美国最大的五家金融业团体共向国会山派去了 406 名游说人员。[②] 因此，吊诡之处就在于，尽管有越来越多的证据表明新自由主义并不起作用，但是很多决策者似乎仍旧不愿意彻底抛弃它——尽管他们愿暂时考虑其他的替代性的政策方案。这是很不幸的，因为未来看起来黯淡无光。劳伦斯·萨默斯（Larry Summers）曾是克林顿、小布什和奥巴马的经济顾问，也被认为是 20 世纪 90 年代的金融去监管政策的奠基人之一。在 2013 年国际货币基金组织的年度研究会议上，他指出，先进的资本主义世界或许将处于永久性的经济衰退

---

① Vezigiannidou（2013），p. 644.

② Rivlin（2013）.

之中。① 真正的实质性的改革还没有出台，这使得未来还有可能
再次发生危机。这反映出美国新自由主义的失败，但我们也在担
忧，美国霸权的意识形态支柱还能伫立多长时间。

所有这些都表明，美国的权力地位越来越不稳固。但是，我
们也可用另外一种视角来看待这个问题，正如我们先前在讨论欧
元危机时所做的那样。与欧洲相比，美国逃离金融危机的条件要
好很多。最初近1万亿美元的救助资金是通过大规模增加货币发
行量实现的，这是得到了美联储量化宽松政策的支持。同样重要
的是，美国下决心对银行进行"压力测试"（stress test），要使
银行摆脱高风险的资产，或使其重新实现资产平衡。这些政策取
得了效果。美国的经济增长要比欧洲更为强劲，它仍旧是危机时
期资本最为安全的避风港。在本书写作期间，乌克兰危机导致大
量资金流入美国，美国因此受益匪浅。

我们现在转向最后一个问题，即日益突出的收入不平等问题
以及如何解决它。对于如何解决收入不平等问题，本书的两位作
者至少在描述性的意义上（in descriptive terms）是有分歧的，尽
管在规范的意义上（in normative terms）我们都希望能够促进平
等。事实本身则是残酷且令人惊愕的。在21世纪初，美国最富
有的20%的家庭所拥有的收入（扣除税收和政府提供的福利之
后）是最贫穷的20%家庭的大约8.5倍，这一状况比其他发达
资本主义国家都要糟糕。例如，在日本和北欧国家，这一差距仅

———————————

① Krugman（2013）.

为美国的一半水平。① 这与美国式的民族关系紧张（即围绕种族问题而产生的紧张）不是没有关系。在 2010 年，非洲裔美国家庭和西班牙裔美国家庭的平均收入仅相当于美国白人家庭的59% 和 69%。非洲裔美国人和西班牙裔美国人的贫困率要比美国白人高出 2.5 倍不止。不平等问题在 2008 年的金融危机中变得更为严重了：一方面，长时间的高失业率降低了底层民众的收入，另一方面，股票市场戏剧性的反弹又提升了社会上层的收入。

一些观点很有说服力，他们认为，收入不平等的加剧会损伤经济效率，进而削弱一国经济的竞争力。跨国研究表明，那些不平等水平较低的国家都有着更为优厚的收入再分配机制，这种再分配机制既涉及税收，也涵盖社会开支。② 我们在前面已经指出，更大程度的不平等是与低下的教育水平联系在一起的。同样，高度的不平等也与社会中疾病的发生率有关系，这会影响到工作的出勤率和工作效率，并最终有可能削弱经济竞争力。对于发达资本主义国家的分析表明，收入不平等越高，诸如犯罪、未成年人怀孕和文盲等社会问题就会越突出。③ 在这些方面，美国的表现尤其糟糕。当我们正在迈向知识经济时，识字率的低下显然会损害国家的经济绩效。高犯罪率和未成年人的高怀孕率倾向于将政府开支从那些回报率更高的投资中抽走，而政府不得不在警察与公共安全、维持监狱和救助单亲家庭方面投入资金——很

① Mishel et al.（2012），p. 161, 405；Wilkinson and Pickett（2009），p. 17.

② Brady（2009）；Kenworthy（2010）；Wilkinson and Pickett（2009）.

③ Wilkinson and Pickett（2009）.

多这样的问题是由于青少年婚前生子导致的。当然，不平等的原因部分是由于为富人减税所导致的，因此，必须关注国家收入下降所导致的后果。国家收入的下降使得美国难以维持教育和基础设施方面的投资——这些投资对于维持（乃至于提高）经济竞争力是必不可少的——尤其是在美国经济增长黯淡无光之时更是如此（美国经济在过去三十年间的大部分时候都增长乏力）。①最后，不平等状况的日益加剧会以上面提到的那些方式破坏美国政治的稳定，最终导致政治僵局及相应的问题。事实上，随着美国中产阶级的财富被不断挤压，美国越来越容易受到政治极端主义的影响，比如茶党以及那些打着民族主义旗号抱怨移民的人。② 所有这些因素都会给美国造成各种问题，而且会给美国带来更多棘手的问题。

　　整个事情或许还有另外一面，这一面有可能在很大程度上是令人反感的。我们可以设想一下这样的社会，那里存在着高度的不平等和贫困，政府采取措施以应对不平等和贫困可能导致的政治不稳定。罗马皇帝们给民众以小恩惠，并吹嘘这些恩惠所能带来的好处。美国的体系还推行了另一些政策，这使得来自少数族群贫困的年轻人将面临很高的幽闭风险——而也正使这些年轻人在美国的劳动市场上面临着最高的失业风险。事实上，美国的幽闭率（rate of incarceration）大约比欧洲国家高十倍。有人估计，若将那些可能面临就业困难的人关到监狱之中，幽闭政策将官方

---

① Stiglitz（2012）.

② Lepore（2013）；Wilkinson and Pickett（2009）.

的失业率降低了两个百分点之多。① 更为重要的是，我们必须记住这一点，资本主义可以由不同的政治体系来推动——正如我们在前面一章所看到的那样。或许，真正先进的工业经济取决于少数极具创造力的个人而不是众人所形成的社会团结，取决于硅谷而非底特律。

结　语

我们已经提醒读者，我们对美国的分析会有两个方面，我们没有食言。一方面，毫无疑问，美国有着强大的实力储备（reserves of strength）。美国保持着强大的军事力量，不受任何国家的威胁，能够从若干贸然的冒险行为中抽身而出。它仍旧拥有相当强大的经济力量，占据着产品链条和金融的制高点，并且它与新兴市场国家的关系并非一定是敌对的。另一方面，美国的霸权力量或许可能会因内部的政治僵局以及无力适应不断变化的环境而遭到损伤。我们已经列举了众多这种类型的问题，现在可以再加上一个——当然，这不仅仅是因为这一问题将国内政治与国际事务联系在了一起。奥巴马政府试图赋予中国、巴西、印度和其他新兴经济体对美国政策的更大影响力，希望以此来改革国际货币基金组织。同时，这也可以使这些国家更加紧密地融入到一个改革后的世界秩序中来。国会中的共和党人制止了政府的这些努力。要使改革后的国际货币基金组织平稳运转需要 3.15 亿美元

---

① Campbell（2010）；Western and Beckett（1999）.

的开支，这些共和党人声称美国无力支付这些费用。一位前财政部官员曾指出，国会的无所作为"对于美国在世界上的信誉是一个严重打击，对于国际经济、金融和政治合作的未来会产生消极后果……将来，对美国在各个领域实施国际协议的信任度会出现下降"①。

我们承认，我们提出的问题要远多于我们回答的问题。但是，由于此时乃多事变幻之秋，我们实难确定事态究竟朝着那些方向发展。或许我们应当超越描述本身——我们在描述方面屡有分歧——进而提出一些我们都认可的解决方案。首先，必须要澄清的是，我们并不是鼓吹以保护主义来应对新兴大国带来的经济挑战。历史表明，保护主义会给全世界带来各种各样的混乱，而贸易竞争却在促进创新方面贡献良多。此外，有更好的办法来应对美国制造业就业机会的下降以及由此导致的工资水平停滞与不平等状况恶化的问题。如果实施妥当的话，转移支付就是一个可供选项，例如通过劳动所得税抵免（earned income tax credit）以及提供普惠性医疗保障——普惠性医疗保障并不像某些保守主义者所说的那样成本高昂而益处寥寥，尤其是如果它能与在技能形成（skill formation）和技能培训方面的开支结合在一起更好——与其他发达国家相比，过去十年间，美国在后两方面都已经大幅落后了。这些计划的资金问题容易解决，可以通过对高收入者征税以及对美国海外公司征收利润税便可解决。② 当然，这也将我

---

① Weisman（2014）.

② Kenworthy（2013）对于这一问题有很多论述。

们带回到了政治僵局的问题。我们很难看出这种局面正在发生变化，但是也不应当忘记丘吉尔对美国的评价：美国能够做正确的事，但是它只是在最后一刻才做决定。

最后，重申一下我们对于美国外交政策的一个评论。美国在地缘政治方面的实力（或许是错误地）压过了它能够在市场中行使的权力。美国在中东地区的"英雄主义"表明，它更看重的是地位而非贸易。美国由此遭受的人员和财富损失是巨大的。同时还有美国在这一地区以及其他地方所遭受的国际声誉的损失。美国如果能够将地缘政治与经济事务分开考虑的话，或许会有所裨益——尤其是美国正在切断从中东地区的化石能源进口。不必通过主导的方式，一国也可以与整个世界打交道并带来相当好的效果。霸权可以是领导能力而非帝国主义。

结　语

　　我们已经指出，即便是在经济全球化的时代，分析国家之内以及国家之间的权力关系对于恰当理解当今世界仍是必不可少的。权力拥有经济、政治和意识形态内容，它可被强制性使用或是由一个集体（a collectivity）创造出来。制度能够以不同的方式以及在不同的时间和地点上"冻结"（freeze）权力关系。但是，历史变化总是无处不在，以至于那些看起来是永恒的东西常常证明最终只是昙花一现，进而导致出现新的组合（combinations）以适应变化了的现实。所有这些如何才会有所不同呢？毕竟，在人类历史的大部分时间，国家间的互动业已推动了世界的构建。我们没有理由相信这将会发生任何改变。

　　我们指出了现代国家的关键职能，即秩序、安全与归属感——现在这三大职能能够通过不同的方式得以实现。南方的弱国家几乎无法履行这三大职能：国家构建与民族构建远未完成，这些国家的存在基于这样一个事实，即对不干涉原则的遵守几乎消除了国家之间的战争。相比之下，新兴大国正在构建国家，它们中的一些从先前存在的民族凝聚力中受益匪浅。同时，在战后创立的同盟安排基础上，这些国家也享有地缘政治安全。考虑到贸易和繁荣有赖于先前存在的地缘秩序，因此，（这些国家的）未来在很大程度上取决于这类同盟安排的维系。然而，现在却很难确定这些政治体的最终发展方向。民主制度对于创造政治稳定是必需的吗？果真如此的话，那么印度和巴西将会大受其益。换言之，由于解压能力的缺乏，威权主义新兴大国中集中的权力将导致社会运动的政治化，后者进而又会走到国家的对立面。如是，则威权主义新兴大国会在某个节点上遭遇危机吗？与之相反，大部分北方国家看起来很稳定，其所包含的各种国家类型依旧安然无恙。但是，社会世界（social world）的重要性或许会下降，这尤其是因为新兴大国最终将在重大的国际制度中占据更为重要的位置。我们坚持认为美国的地位将会决定很多事情，尽管我们二人对于美国的未来也抱有不同预判。

在最后这部分，我们可以适当超出上面已经论述的内容，进行一些最后的反思。第一个引起我们关注的是民族主义问题。在现代世界中，民族主义已经证明自己是比阶级斗争更为有力的力量。欧洲现在成为一个和平之洲（谢天谢地），但我们不会接受欧洲人在谈论民族主义时表现出来的那种沾沾自喜。我们不应当忘记这一点，即欧洲之所以有很多自由国家，这要归功于希特勒和斯大林所赐——正是他们铲除了各自国家中的民族问题。从这个意义上看，欧洲的自由主义就不是那么令人瞩目了。我们在第一章花了很大精力讨论规模与民族（nation）之间的两难问题，现在，欧盟也面临着同样的难题。对于欧盟如何以混乱不堪的方式成为一个可以运转的"奥匈帝国"，现在有很多说法。有人希望它能继续保持"可以忍受的不满意状况"（bearable dissatisfaction），正如考恩特·塔弗（Count Taaffe）希望哈布斯堡王朝能够维持下去一样。但是，我们不应当忘记的是，民族主义是一种易变的力量——它的特性看起来又一次在发生变化。丹麦就加入欧元区进行的公投使得两种国家认同彼此对立：所有的丹麦精英都支持加入欧元区，而这遭到了本土主义者的最终否决。要成为一个欧洲公民就必须掌握几门语言，同时还要面临职业和居住地的流动性。①还有更多的例子表明，那些缺乏这些能力的人对欧洲颇有怨恨，同时也不希望欧洲的一体化继续向前。

比欧洲自身更引人注目的是这样的一个非同寻常的现实：世界上很多举足轻重的地方已经发现了一条通往现代世界的路径，而这不必重复欧洲过去曾发生的灾难。印度令人啧啧称奇的地方就在于它建立了一个国家民族（state-nation）而不是一个民族国家（nation-state）。在独立之前，印度领导人就意识到多样性带来的问题，并试图化解这些问题。要将所有印度人予以同质化是极为困难的，这并不仅仅是因为印度的公务员通过他们的英语知识拥有了一些文化资本。因此，正如我们在前文提到的那样，印度最终确立了两种国家语言，即英语和印地语。② 如果某个印度人所在的邦是说印地语的，那么，他就仅仅需要掌握两门语言（即印地语和英语）。但是，如果他所在的邦不说印地语，那么他就需要掌握三门语言。如果他同时是该邦的少数族群的话，那么他就需要掌握四门语言。这种语言制度似乎适用于印度，它使

---

① Laitin（1997）.

② Laitin（1992）.

不同的人能够生活在同一政治屋檐下。有必要指出的是，这种类型的语言制度并不局限于印度——在若干非洲国家，英语同样作为"中立语言"而存在（neutral-speak）。但是，在印度，当然还有其他因素在同时发挥着作用。其中之一就是其国家的架构——包括印度的军队、官僚体系的传统以及在一起反抗英国人的过程中萌发的共同的民族认同。另一个因素则是印度的政治制度充满了极大的灵活性和自由主义倾向（不仅仅表现在语言上）。一个典型的例子就是印度政府通过给予各种政治和文化权利来平息泰米尔那德邦（Tamil Nadu）的分离主义压力——这与斯里兰卡的情况形成了鲜明对比。在斯里兰卡，僧伽罗精英（Sinhalese）的同化政治导致了内战的爆发。印度也存在有异议的地方（首先就是克什米尔），这就表明了一点：在这些地方，现实中的印度并不是真正的自己——众所周知，印度在这些地方以非自由主义的方式行事。①

最后一点与这一事实有关，即在公认和平的战后世界中却有那么多人死于内战，族群冲突常常成为内战的催化剂——而族群冲突大体上又是欧洲殖民主义的最终产物。但是，我们有理由希望民族主义与战争之间的链条或许会松动——这不仅仅是这种冲突的数量将会减少这么简单。我们至少可以希望"严格版本"的民族国家（strict version）——即每个国家都有自己的文化，每种文化都有自己的国家——或许可被避免。人为设计或许能够带来一些帮助。更为重要的还在于一个背景因素的变化，即大国

---

① Stepan et al.（2011）.

竞争的烈度以及它们对世界上大部分地区的介入能够减小。相对的地缘政治平静期或许能够使国家们以一种不再那么单一和同质化的方式管理自己。然而，这并不意味着大国竞争完全走向了终结。俄罗斯和美国都深深介入了叙利亚正在发酵的内战之中。俄罗斯为阿萨德提供武器，而美国和其他国家则为众多反对派成员提供支持。大国支持的代理人战争或许已经减少了，但是，它们并未消失。

　　另一个值得进一步思考的问题是新自由主义。自从 20 世纪70 年代末以来，新自由主义的意识形态就逐渐影响了各国以及整个世界的经济决策。新自由主义的学理源头出现在 20 世纪 40年代。在 20 世纪 80 年代里根和撒切尔时期，它在美英两国获得了政治推动力。此后，它便程度不一地扩散到世界其他一些国家。它还"变形"成为所谓的"华盛顿共识"，后者也是国际货币基金组织与世界银行用于国际发展的模板。然而，新自由主义带来的后果却不太理想。俄罗斯和东欧国家在 20 世纪 90 年代初接受了新自由主义。若干年过后，它在大部分地方产生了适得其反的后果，因为它导致了日益激增的不平等、逐步恶化的公共卫生状况、政治不稳定以及一些其他政治和经济问题。新自由主义政策同样在 1997 年的亚洲金融危机中扮演了不光彩的角色。这将世界经济带到了崩溃的边缘，几乎导致了第二次大萧条的出现。现在，世界尚未完全从 2008 年的危机中复苏过来。在很多遭受影响的国家，增长率和失业率均未恢复到危机之前的水平，关于它们何时能够恢复，尚不可知。不仅如此，很多欧洲国家采取的紧缩政策正是基于新自由主义提供的解决方案之上，它们据说能够将这些国家带出衰退，但结果显然不是这样。[①]

　　这里的讽刺性体现在两个方面。首先，美国和英国——这两个公认的新自由主义的先行者——事实上从来没有像它们在意识形态上鼓吹的那样真正拥抱新自由主义。里根在新自由主义税收、福利和监管方面的改革从来没有像当时宣传的那么严厉。撒切尔对福利国家的攻击从来就没有像很多人想当然认为的那么成功。[②] 在其他国家，人们鼓吹的新自由主义基于对英美两国新自由主义的理解之上，鼓吹者们试图模仿的东西与其说是现实，不如说是神话。其次，尽管新自由主义的失败如此显而易见，但是，我们尚不清楚新自由主义的巅峰期是否已过。这尤为令人感到惊讶，因为在 2008 年之后，一些国家的决策者们已经将新自由主义扔进了垃圾堆，取而代之以其他的政策。布什和奥巴马政府推行了一系列广泛的财政、金融和监管政策，似乎表明美国正在重新回到凯恩斯主义。然而，仍有很多国家的政客和经济学家们依旧对新自由主义执迷不悟。其中的原因颇为复杂。[③] 但是，决策者们对于新自由主义的认同还能持续多久，还需要多少证据来说服他们看清楚新自由主义根深蒂固的问题，这都是依然没有定论的问题。有人指出了管控金融市场努力的相对失败。因此，这可能会给世界经济带来进一步的混乱。

　　第三大反思与美国有关。美国的自我形象更看重社会而非国家——从我们的观点看这多少有些奇怪，尤其是考虑到美国有着

---

① 　Blyth（2013）.

② 　Bunch（2009）；Pierson（1994）.

③ 　Crouch（2011）.

超群的实力。这给美国也带来了影响：一直以来美国都很不愿意承认民族主义在世界范围内带来的积极效应，而它自身对社会力量的偏好解释了它为何支持新自由主义政策——正是后者使得南方国家的国家构建变得十分困难。最为重要的是，我们想重申并且进一步推进在前面提到的一个观点。美国与其他北方国家不同的地方就在于它拥有行动自由，这从根本上讲又源于这一事实，即美国不依赖于世界上任何国家。美国常常为崇高的政策（而非贸易政策）所感召。这常常会导致灾难，最为明显的就是美国在中东和东南亚的遭遇。因此，我们强调要以新的方式来思考地缘政治问题。美国及其盟友的市场规模是一个无限的权力源泉。那些拥有资源的国家，需要将其资源销售出去才可获致繁荣；与实施成本高昂的控制相比，即便是以高价购买很可能是一个更好的政策。小布什政府为政治浪漫主义所主导（political romanticism），而美国的英雄主义也在此时达到了顶点。从过度的英雄主义回撤无疑是受人欢迎的。然而，这并不是要鼓励孤立主义和保护主义。相反，我们认为美国应当展现出更多的温和性，一方面要继续维持其在欧洲和亚洲构筑的安全体系，另一方面，则要从不可能的扩张主义美梦中挣脱出来。

我们最后转向一个对于世界未来最为重要的问题——我们对其深表忧虑。第一个忧虑的理由很简单。经济增长使得资本主义社会常常很稳定，因为经济规模的增加足够用来收买不满意的人。一个没有带来如此增长的自由国家（liberal polities）是很难想象的，因此，我们坚定地认为，如果一个社会能够构建自由国家，那么，它就是一个成功的社会。不仅如此，基本的道德感驱使我们产生这样的希望，即众多生活在贫困之中的人们也能够拥有我们享有的福利。在心存这些希望的同时，我们又对即将到来的全球气候变暖的可怕前景感到不安，这或许会威胁到人类的根本生存。即便在这种最坏的结果尚未发生之前，全球气候变暖也会导致极端的天气现象，比如暴风雪、飓风、龙卷风、洪水以及干旱。它也会导致极地冰盖的融化，造成海平面上升，加大世界各地发生洪灾的几率。2005 年，全球面临洪灾风险最大的十个城市是孟买、广州、上海、迈阿密、胡志明市、加尔各答、纽约、大阪、亚历山大和新奥尔良。在这十大城市中，仅仅洪水可能危及的资产价值预计高达 3 万亿美元——大约占全世界 GDP 的 5%。① 由于它们大多是港口城市，因此，洪水将极大地破坏国际贸易，导致成本的进一步提升。我们不难想象这样的灾难会对人们日常生活造成破坏性的后果。

我们也并不是彻底的悲观主义者。随着空气和水污染问题的日益突出，很多民族国家已经意识到并且开始着手应对这些问题。通过发展风力、太阳能、生物燃料以及其他可替代性能源，一些国家不遗余力地节约能源。甚至核能也变得越来越被接受，这部分是因为，与化石能源相比，核能技术正在变得更为安全和清洁——而长期以来，核能一直为众多环保主义人士所诟病。这并不是说核能就是万能药。在长久处理商业核反应堆的剧毒放射性废料方面，我们仍旧面临严峻的问题——这些废料能够存在几千年的时间。即便如此，我们对于国家权力的关切使得我们产生

---

① OECD（2007）.

两大担忧。

第一个担忧的原因很简单。在应对全球变暖方面，真正有效的政策必须是国际性的、由全世界一道发起和实施的。然而，至少从目前看来，我们所在的国家的世界却使其不可能发生。美国希望中国能够减少温室气体排放，然而，在中国看来，这纯粹只是展现出美国的虚伪，目的是剥夺中国人享有良好生活的权利。考虑到美国较少的人口在过去和现在对地球造成的破坏，中国认为美国的要求是无理的。在 2009 年的哥本哈根大会上，试图推动中美两国一起解决全球变暖问题的努力明显失败了。在今天的美国，人们看到的是环境政策正在退步而非是进步：液压破碎革命或许能够推动经济增长，但对世界而言却是一场灾难。不仅如此，一小部分政客并不认为人类活动是导致气候变化的原因。由于中国首都面临的恐怖的污染状况，中国人对于气候变化更为重视。但是，中国仍旧是一个贫穷的国家，所有的预测都表明，中国持续的增长将对地球造成更大的伤害。

第二个担忧与领土规模问题有关。在 19 世纪末，为了确保市场和资源供给，国家都希望扩大自己的规模，最终导致了帝国主义战争。然而，我们在一个相互依存世界中的处境要更好，我们相信市场力量就会给我们带来繁荣。但是，有人担心这在将来是否还能够继续下去。拥有繁荣所必须的各种资源的广袤国土难道不会重新变得有吸引力吗？一个拥有这方面条件的国家能够将那些逃离特定生态灾难的移民阻挡在其国门之外。我们需要国家之间的合作，但是，这或许并不是我们注定的未来。

参考文献

Adler, A. and M. Barnett (eds) 1998. *Security Communities*. Cambridge: Cambridge University Press.

African Economic Outlook. 2014. http://www.africaneconomicoutlook.org/en/statistics/ (Accessed May 2014).

Alamgir, J. 2003. "Managing Openness in India: The Social Construction of a Globalist Narrative." in *States in the Global Economy*, edited by Linda Weiss, pp. 225–244. New York, NY: Cambridge University Press.

Alpert, D. 2013. *The Age of Oversupply*. New York, NY: Penguin.

Amin, S. 1976. *Unequal Development*. New York, NY: Monthly Review Press.

Anderson, B. 1983. *Imagined Communities*. London: Verso.

Anderson, P. 2009. *The New Old World*. London: Verso.

Aron, R. 1957. *La Tragédie Algérienne*, Paris: Plon.

———. 1979. *The Imperial Republic*. London: Weidenfeld and Nicolson.

Ash, T.G. 2004. *Free World: America, Europe and the Surprising Future of the West*. New York, NY: Random House.

Babb, S. 2001. *Managing Mexico*. Princeton, NJ: Princeton University Press.

Bang, P. 2008. *The Roman Bazaar: A Comparative Study of Trade and Markets in a Tributary Empire*. Cambridge: Cambridge University Press.

Baran, P. 1957. *The Political Economy of Growth*. New York, NY: Monthly Review Press.

Barnett, S., A. Myrvoda and M. Nabar. 2012. "Sino-Spending." *Finance and Development*, September, Vol. 49, No. 3, International Monetary Fund. http://www.imf.org/external/pubs/ft/fandd/2012/09/barnett.htm (Accessed December 2013).

Bates, R. 2008. *When Things Fell Apart: State Failure in Late-Century Africa*. Cambridge: Cambridge University Press.

Berghahn, V. 2001. *America and the Intellectual Cold Wars in Europe*. Princeton, NJ: Princeton University Press.

Block, F. 2008. "Swimming Against the Current: The Rise of a Hidden Developmental State in the United States." *Politics and Society* 36: 169–206.

Bluestone, B. and B. Harrison. 1982. *The Deindustrialization of America*. New York, NY: Basic Books.

Blyth, M. 2013. *Austerity: The History of a Dangerous Idea*. New York, NY: Oxford University Press.

Bova, R. 1991. "Political Dynamics of the Post-Communist Transition: A Comparative Perspective." *World Politics* 44(1): 113–138.

Brady, D. 2009. *Rich Democracies, Poor People*. New York, NY: Oxford University Press.

Breslin, S. 2013. "China and the Global Order; Signaling Threat of Friendship?" *International Affairs* 89(3): 615–634.

Brooks, S.G. 2005. *Producing Security*. Princeton, NJ: Princeton University Press.

Brooks, S.G., G.J. Ikenberry and W.C. Wohlforth. 2012. "Don't Come Home, America: The Case Against Retrenchment." *International Security* 37(3): 7–51.

Buera, F. and J. Kaboski. 2009. "The Rise of the Service Economy." National Bureau of Economic Research Working Paper 14822. Cambridge: NBER. http://www.nber.org/papers/w14822.pdf?new_window=1 (Accessed January 2014).

Bunch, W. 2009. *Tear Down This Myth: How the Reagan Legacy Has Distorted Our Politics and Haunts Our Future.* New York, NY: Free Press.

Burges, S.W. 2013. "Brazil as a Bridge Between Old and New Powers?" *International Affairs* 89(3): 577–594.

Burke, P. 1986. "City-States." in *States in History*, edited by J.A. Hall, pp. 137–153. Oxford: Basil Blackwell.

Calmes, J. 2013. "A Dirty Secret Lurks in the Struggle Over a Fiscal 'Grand Bargain'." *The New York Times*, November 19, A17.

Campbell, J.L. 2003. "States, Politics, and Globalization: Why Institutions Still Matter." in *The Nation State in Question*, edited by T.V. Paul, G. John Ikenberry and John A. Hall, pp. 234–259. Princeton, NJ: Princeton University Press.

———. 2004. *Institutional Change and Globalization.* Princeton, NJ: Princeton University Press.

———. 2005. "Fiscal Sociology in an Age of Globalization: Comparing Tax Regimes in Advanced Capitalist Countries." in *The Economic Sociology of Capitalism*, edited by Victor Nee and Richard Swedberg, pp. 391–418. Princeton, NJ: Princeton University Press.

———. 2010. "Neoliberalism's Penal and Debtor States: A Rejoinder to Loïc Wacquant." *Theoretical Criminology* 14(1): 59–73.

———. 2011. "The U.S. Financial Crisis: Lessons for Theories of Institutional Complementarity." *Socio-Economic Review* 9(2): 211–234.

Campbell, J.L., J.R. Hollingsworth and L.N. Lindberg (eds) 1991. *Governance of the American Economy.* New York, NY: Cambridge University Press.

Campbell, J.L. and O.K. Pedersen. 2014. *The National Origins of Policy Ideas: Knowledge Regimes in the United States, France, Germany, and Denmark.* Princeton, NJ: Princeton University Press.

Centeno, M. 2002. *Blood and Debt: War and the Nation-State in Latin America.* University Park: Pennsylvania State University.

Centeno, M. and J. Cohen. 2010. *Global Capitalism.* Cambridge: Polity.

Center on Budget and Policy Priorities. 2013. *Policy Basics: Where Do Our Federal Tax Dollars Go?* Washington, DC: Center on Budget and Policy Priorities. http://www.cbpp.org/cms/?fa=view&id=1258 (Accessed January 2014).

Center for Responsive Politics. 2013. Opensecrets.org. http://www.opensecrets.org/ (Accessed November 2013).

Chandler, A.D., Jr. 1992. "The Emergence of Managerial Capitalism." in *The Sociology of Economic Life*, edited by Mark Granovetter and Richard Swedberg, pp. 131–158. Boulder, CO: Westview.

Citizenship and Immigration Canada. 2013. *News Release—Canada Welcomes Record Number of Immigrants, Visitors and Students from China in 2012.* Ottawa: Government of Canada. http://www.cic.gc.ca/english/department/media/releases/2013/2013-03-04c.asp (Accessed March 4, 2013).

Collier, P. 2000. "Economic Causes of Civil War and their Implications for Policy." in *Managing Global Chaos: Sources of and Responses to International Conflict*, edited by C. Crocker, F.O. Hampson and P.R. Aall. Washington, DC: US Institute for Peace.

Corbridge, S., G. Williams, M. Srivastava and R. Veron. 2005. *Seeing the State: Governance and Governmentality in India.* Cambridge: Cambridge University Press.

Crone, P. 1986. "The Tribe and the State." in *States in History*, edited by J.A. Hall, pp. 48–77. Oxford: Basil Blackwell.

Crouch, C. 2011. *The Strange Non-Death of Neoliberalism.* London: Polity.

Crowe, E. 1928. "Memorandum on the Present State of British Relations with France and Germany." in *British Documents on the Origins of the War, 1898–1914.* Volume Three: *The Testing of the Entne, 1904–6*, edited by G.P. Gooch and H. Temperley. London: Her Majesty's Stationery Office.

Darwin, J. 2007. *After Tamerlane: The Rise and Fall of Global Empires, 1400–2000*. London: Penguin.

Deutsch, K., S.A. Burrell, R.A. Kann, M. Lee, M. Lichterman, L. Francis, F.L. Loewenheim and R. van Wagenen. 1957. *Political Community in the North Atlantic Area: International Organization in the Light of Historical Experience*. Princeton, NJ: Princeton University Press.

Dezalay, Y. and B. Garth. 2002. *The Internationalization of Palace Wars*. Chicago, IL: University of Chicago Press.

Duina, F. 1999. *Harmonizing Europe: Nation-States within the Common Market*. Albany: State University of New York Press.

Easterly, W. 2008. "Foreign Aid Goes Military!" *New York Review of Books*, December 4, 51–54.

Economist. 2005. "The puny economic powerhouse.". *The Economist*, December 10.

——. 2009. "Failed states: Fixing a broken world." *The Economist*, January 21, 65–67.

——. 2012. "To Each, Not According to His Needs." December 15. http://www.economist.com/ news/finance-and-economics/21568423-new-survey-illuminates-extent-chinese-income-inequality-each-not (Accessed December 2013).

——. 2013a. "When Giants Slow Down." *The Economist*, July 27, 20–22.

——. 2013b. "The Gated Globe." *The Economist*. October 12, 1–20.

——. 2013c. "A Man of Some of the People." *The Economist*, December 14, 31–33.

——. 2013d. "Sweeping Up." *The Economist*. December 14, 49.

——. 2013e. "A Holy Mess: Kidnapping in Nigeria is Out of Hand." *The Economist*, September 14.

——. 2014a. "Where Will the Rainbow End?" *The Economist*, May 3, 41–43.

——. 2014b. "Kidnappings in Nigeria: A Clueless Government." *The Economist*, May 10, 45–46.

——. 2014c. "Turkey's Economy: The Mask is Off." *The Economist*, January 2014.

Esping-Andersen, G. 1985. *Politics Against Markets: The Social Democratic Road to Power*. Princeton, NJ: Princeton University Press.

——. 1990. *The Three Worlds of Welfare Capitalism*. Princeton, NJ: Princeton University Press.

——. 1999. *Social Foundations of Postindustrial Economies*. New York, NJ: Oxford University Press.

Evans, P. 1995. *Embedded Autonomy: States and Industrial Transformation*. Princeton, NJ: Princeton University Press.

Fearon, J.D. and D.D. Laitin. 2003. "Ethnicity, Insurgency and Civil War." *American Political Science Review* 97(1): 75–90.

Financial Times Alphaville. 2013. "The Collapse of U.S. Infrastructure Spending." October 31. http://ftalphaville.ft.com/2013/10/31/1683112/the-collapse-of-us-infrastructure-spending-charted/ (Accessed January 2014).

Fligstein, N. 2001. *Euroclash: The EU, European Identity, and the Future of Europe*. Oxford: Oxford University Press.

——. 2008. *The Architecture of Markets*. Princeton, NJ: Princeton University Press.

Fourcade-Gourinchas, M. 2006. "The Construction of a Global Profession: The Transnationalization of Economics." *American Journal of Sociology* 112(1): 145–194.

Fourcade-Gourinchas, M. and S. Babb. 2002. "The Rebirth of the Liberal Creed: Paths to Neoliberalism in Four Countries." *American Journal of Sociology* 108(3): 533–579.

Gellner, E.A. 1967. "Democracy and Industrialization." *European Journal of Sociology* 8(1): 47–70.

——. 1969. *Saints of the Atlas*. London: Weidenfeld and Nicolson.

——. 1983. *Nations and Nationalism*. Oxford: Blackwell.

Gereffi, G. 1994. "The International Economy and Economic Development." in *The Handbook of Economic Sociology*, edited by Neil Smelser and Richard Swedberg, pp. 206–233. Princeton, NJ: Princeton University Press.

Ghani, A. and C. Lockhart. 2008. *Fixing Failed States: A Framework for Rebuilding a Fractured World*. Oxford: Oxford University Press.

Gilpin, R. 1981. *War and Change in World History*. Cambridge: Cambridge University Press.

Goldstone, J., R. Bates, T.R. Gurr, M. Lustik, M.G. Marshall, J. Ulfelder and M. Woodward. 2005. *A Global Forecasting Model of Political Instability*. McLean, VA: State Failure Task Force, SAIC.

Guéhenno, J. 1993. *The End of the Nation-State*. Minneapolis: University of Minnesota Press.

Guillén, M. 2001. *The Limits of Convergence: Globalization and Organizational Change in Argentina, South Korea, and Spain*. Princeton, NJ: Princeton University Press.

Guillén, M. and E. García-Canal. 2010. *The New Multinationals*. New York, NY: Cambridge University Press.

Guillén, M. and E. Ontiveros. 2012. *Global Turning Points: Understanding the Challenges for Business in the 21st Century*. New York, NY: Cambridge University Press.

Gulati, R. and M. Gargiulo. 1999. "Where Do Interorganizational Networks Come From?" *American Journal of Sociology* 104(5): 1439–1493.

Habermas, J. 2005. *Time of Transitions*. Cambridge: Polity.

Hall, J.A. 1985. *Powers and Liberties: The Causes and Consequences of the Rise of the West*. Oxford: Blackwell.

———. 1996. *International Orders*. Cambridge: Polity.

———. 2013. *The Importance of Being Civil: The Struggle for Political Decency*. Princeton, NJ: Princeton University Press.

Hall, J.A. and C. Lindholm. 1999. *Is America Breaking Apart?* Princeton, NJ: Princeton University Press.

Hall, J.A. and D. Zhao. 1994. "State Power and Patterns of Late Development: Resolving the Crisis of the Sociology of Development." *Sociology* 28(1): 211–230.

Hall, P. 1986. *Governing the Economy*. New York, NY: Oxford University Press.

Hall, P. and D. Soskice (eds) 2001. *Varieties of Capitalism*. New York, NY: Oxford University Press.

Halliday, T. and B. Carruthers. 2009. *Bankrupt: Global Lawmaking and Systemic Financial Crisis*. Stanford, CA: Stanford University Press.

Hamilton, D.S. and J.P. Quinlan. 2011. *The Transatlantic Economy, 2011*. Baltimore, MD: Center for Transatlantic Relations, Johns Hopkins University.

Hann, C. 2013. "Levels of Parochialism: Welsh-Eurasian Perspectives on a German-European Debate." *Comparativ* 23(4/5): 122–135.

Harris, G. 2013. "India's Upper House Approves Anticorruption Agency." *The New York Times*, December 17, A12.

Herbst, J. 2000. *States and Power in Africa: Comparative Lessons in Authority and Control*. Princeton, NJ: Princeton University Press.

———. 2004. "Let Them Fail: State Failure in Theory and Practice: Implications for Policy." in *When States Fail: Causes and Consequences*, edited by R. Rotberg, pp. 302–318. Princeton, NJ: Princeton University Press.

Heymann, J. and A. Earle. 2010. *Raising the Global Floor*. Stanford, CA: Stanford University Press.

Hobbes, T. 1982. *Leviathan*. New York, NY: Penguin.

Hopewell, K. 2013. "New Protagonists in Global Economic Governance: Brazilian Agribusiness at the WTO". *New Political Economy* 18(4): 603–623.

Horne, A. 1988. *Harold Macmillan. Volume One: 1894-1956*. New York, NY: Viking.

Howard, C. 1997. *The Hidden Welfare State: Tax Expenditures and Social Policy in the United States*. Princeton, NJ: Princeton University Press.

Ikenberry, J.G. 2002. *After Victory*. Princeton, NJ: Princeton University Press.

———. 2008. "The Rise of China and the Future of the West." *Foreign Affairs* 87(1): 23–37.

International Bank for Reconstruction and Development/World Bank. 2012. *Doing Business 2012*. Washington, DC: IBRC/World Bank.

International Monetary Fund. 2013. "IMF Releases Data on the Currency Composition of Foreign Exchange Reserves with Additional Data on Australian and Canadian Dollar Reserves." IMF Press Releases, June 28. http://www.imf.org/external/np/sec/pr/2013/pr13236. htm (Accessed November 2013).

Jackson, R.H. 1990. *Quasi-States: Sovereignty, International Relations and the Third World*. Cambridge: Cambridge University Press.

Janelli, R. 1993. *Making Capitalism: The Social and Cultural Construction of a South Korean Conglomerate*. Stanford, CA: Stanford University Press.

Jones, E. 2008. *Economic Adjustment and Political Transformation in Small States*. New York, NY: Oxford University Press.

Kagan, R. 2003. *Of Paradise and Power: America and Europe in the New World Order*. New York, NY: Knopf.

Kaiser, W. 2007. *Christian Democracy and the Making of the European Union*. Cambridge: Cambridge University Press.

Kato, J. 2003. *Regressive Taxation and the Welfare State*. New York, NY: Cambridge University Press.

Katzenstein, P. 1985. *Small States in World Markets*. Ithaca, NY: Cornell University Press.

———. 2005. *A World of Regions: Asia and Europe in the American Imperium*. Ithaca, NY: Cornell University Press.

Kenworthy, L. 2004. *Egalitarian Capitalism: Jobs, Incomes, and Growth in Affluent Countries*. New York, NY: Russell Sage.

———. 2010. "Institutions, Wealth, and Inequality." in *The Oxford Handbook of Comparative Institutional Analysis*, edited by Glenn Morgan, John L. Campbell, Colin Crouch, Ove K. Pedersen and Richard Whitley, pp. 399–420. New York, NY: Oxford University Press.

———. 2011. *Progress for the Poor*. New York, NY: Oxford University Press.

———. 2013. *Social Democratic America*. New York, NY: Oxford University Press.

Kerr, C., J.T. Dunlop, F. Barbison and C.A. Meyers. 1960. *Industrialism and Industrial Man*. Cambridge: Harvard University Press.

Kohli, A. 2004. *State-Directed Development: Political Power and Industrialization in the Global Periphery*. Cambridge: Cambridge University Press.

Krasner, S.D. 2005. "The Case for Shared Sovereignty." *Journal of Democracy* 16(1): 69–83.

Krugman, P. 2009. *The Return of Depression Economics and the Crisis of 2008*. New York, NY: Norton.

———. 2013. "A Permanent Slump?" *The New York Times*, November 18, A27.

Laitin, D.D. 1992. *Language Repertoires and State Construction in Africa*. Cambridge: Cambridge University Press.

———. 1997. "The Cultural Identities of a European State." *Politics and Society* 25(3): 277–302.

———. 2008. *Nations, States and Violence*. Oxford: Oxford University Press.

Lange, M. 2010. "State Formation, Consolidation, and the Security Challenge: Exploring the Causes of State Incapacity in South Asia." in *South Asia's Weak States and the Regional Insecurity Predicament*, edited by T.V. Paul. Stanford: Stanford University Press.

———. 2013. *Educations in Ethnic Violence*. New York, NY: Cambridge University Press.

———. 2015. "State Formation and Transformation in Africa and Asia: The Third Phase of State Expansion." in *The Oxford Handbook on the Transformations of States*, edited by S. Liebfried, E. Huber, M. Mange, J. Levy and J. Stephens. Oxford: Oxford University Press.

Lattimore, O. 1962. *Studies in Frontier History*. Oxford: Oxford University Press.

Lee, C.K. 2007. *Against the Law: Labor Protests in China's Rustbelt and Sunbelt*. Berkeley, CA: University of California Press.

Legrain, P. 2014. *European Spring: Why Our Economies and Politics Are in a Mess and How to Put Them Right*. London: CB Books.

Leonard, M. 2005. *Why Europe Will Run the 21st Century*. London: Fourth Estate.

Lepore, J. 2013. "Long Division: Measuring the Polarization of American Politics." *The New Yorker*, December 2, 75–79.

Lieven, D. 1999. "Dilemmas of Empire 1850–1918. Power, Territory, Identity." *Journal of Contemporary History* 34(2): 163–200.

Lundestad, G. 1986. "Empire by Invitation? The United States and Western Europe, 1945–52." *Journal of Peace Research* 23(3): 263–277.

Mabry, T. 2015. *Nationalism, Language and Islam*. Philadelphia: University of Pennsylvania Press.

Maier, Charles. 1981. "The Two Postwar eras and the Conditions for Stability in Twentieth Century Europe." *American Historical Review* 86(2): 327–352.

Mamdani, M. 2001. *When Victims Become Killers*. Princeton, NJ: Princeton University Press.

———. 2008. "Lessons of Zimbabwe." *London Review of Books*, December 4, 17–21.

Mann, M. 1984. "The Autonomous Power of the State: Its Origins, Mechanisms and Results." *Archives Europeennes de Sociologie* 15: 185–213.

———. 1986. *The Sources of Social Power. Volume One: From the Beginning to 1760AD*. Cambridge: Cambridge University Press.

———. 1993. *The Sources of Social Power. Volume Two: The Rise of Classes and Nation-States*. Cambridge: Cambridge University Press.

———. 2013. *The Sources of Social Power. Volume Three: Global Empires and Revolution, 1890–1945*. New York, NY: Cambridge University Press.

———. 2014. *The Sources of Social Power. Volume Four: Globalizations, 1945–2011*. New York, NY: Cambridge University Press.

Mann, M. and D. Riley. 2007. Explaining Macro-regional Trends in Global Income Inequalities, 1950–2000. *Socio-Economic Review* 5(1): 81–115.

Medrano, J.D. 2003. *Framing Europe: Attitudes to European Integration in Germany, Spain and the United Kingdom*. Princeton, NJ: Princeton University Press.

Miller, B. 2007. *States, Nations and Great Powers: The Sources of Regional War and Peace*. Cambridge: Cambridge University Press.

Milward, A. 1984. *The Reconstruction of Western Europe, 1945–51*. Berkeley, CA: University of California Press.

———. 1992. *The European Rescue of the Nation-State*. Berkeley, CA: University of California Press.

Mishel, L., J. Bivens, E. Gould and H. Shierholz. 2012. *The State of Working America*. 12th edition. Ithaca, NY: Cornell University Press.

Moravscik, A. 1998. *The Choice for Europe: Social Purpose and State Power from Messina to Maastricht*. Ithaca, NY: Cornell University Press.

Motyl, A.J. 2001. *Imperial Ends: The Decay, Collapse and Revival of Empires*. New York, NY: Columbia University Press.

Mowle, T. 2004. *Allies at Odds: The United States and the European Union*. Basingstoke: Macmillan.

Mudge, S. 2008. "What is Neoliberalism?" *Socio-Economic Review* 6(4): 703–731.

———. 2011. "What's Left of Leftism? Neoliberal Politics in Western Party Systems, 1945–2008." *Social Science History* 35(3): 337–380.

Narlikar, A. 2013. "India Rising: Responsible to Whom?" *International Affairs* 89(3): 595–614.

Nef, J.U. 1963. *War and Human Progress: An Essay on the Rise of Industrial Civilization*. New York, NY: Norton.

New York Times. 2013. "Why Students Do Better Overseas." December 18, A28.

Nolan, P. 2012. *Is China Buying the World?* Cambridge: Polity Press.

North Atlantic Treaty Organization. 2014. *Secretary General's Annual Report 2013*. Brussels: NATO.

OECD. 2006. *OECD Factbook, 2006*. Paris: OECD.

————. 2013. "Real Gross Domestic Product—Forecasts." November 19. Paris: OECD. http://www.oecd-ilibrary.org/economics/real-gross-domestic-product-forecasts_gdp-kusd-gr-table-en (Accessed January 2014).

O'Leary, B. 2001. "An Iron Law of Nationalism and Federation? A (Neo-Diceyan) Theory of the Necessity of a Staatsvolk." *Nations and Nationalism* 7(3): 273–296.

Ó Riain, S. 2014. *The Rise and Fall of Ireland's Celtic Tiger: Liberalism, Boom and Bust*. New York, NY: Cambridge University Press.

Ornston, D. 2012. *When Small States Make Big Leaps*. Ithaca, NY: Cornell University Press.

Palier, B. and K. Thelen. 2012. "Dualization and Institutional Competitiveness: Industrial Relations, Labor Market and Welfare State Changes in France and Germany." in *The Age of Dualization: Structures, Policies, Politics and Divided Outcomes*, edited by Patrick Emmenegger, Silja Häusermann, Bruno Palier and Martin Seeleib-Kaiser, pp. 201–225. New York, NJ: Oxford University Press.

Pauly, L. 1997. *Who Elected the Bankers?* Ithaca, NY: Cornell University Press.

Pederson, O.K. 2006. "Negotiated Economy: Corporatism and Beyond." in *National Identity and Varieties of Capitalism*, edited by John L. Campbell, John A. Hall and Ove K. Pedersen, pp. 245–270. Montreal: McGill-Queen's University Press.

————. 2011. *Konkurrencestaten*. Copenhagen: Hans Reitzels Forlag.

Piore, M. and C. Sabel. 1984. *The Second Industrial Divide*. New York, NY: Basic Books.

Polanyi, K. 1944. *The Great Transformation*. Boston, MA: Beacon.

Pond, E. 2004. *Friendly Fire: The Near-Death of the Transatlantic Alliance*. Washington, DC: Brookings.

Posner, D.N. 2004a. "Measuring Ethnic Fractionalization in Africa." *American Journal of Political Science* 48(4): 849–863.

————. 2004b. "Civil Society and the Reconstruction of Failed States." in *When States Fail: Causes and Consequences*, edited by R. Rotberg, pp. 237–255. Princeton, NJ: Princeton University Press.

Powell, W.W. 1987. "Hybrid Organizational Arrangements." *California Management Review* 30(1): 67–87.

Prasad, E. 2014. *The Dollar Trap: How the U.S. Dollar Tightened Its Grip on Global Finance*. Princeton, NJ: Princeton University Press.

Rashid, A. 2008. *Descent Into Chaos: The United States and the Failure of Nation Building in Pakistan, Afghanistan and Central Asia*. New York, NY: Viking.

Rattner, S. 2013. "Congress Avoids Reality, Again." *The New York Times*, December 11, A29.

Reinhart, C. and K. Rogoff. 2008. "We Need an International Regulator." *Financial Times*, November 19.

Rich, F. 2006. *The Greatest Story Ever Told*. New York, NY: Penguin.

Rifkin, J. 2004. *The European Dream*. Cambridge: Polity.

Riga, L. 2012. *The Bolsheviks and the Russian Empire*. Cambridge: Cambridge University Press.

Ripsman, N. 2005. "Two Stages of Transition from a Region of War to a Region of Peace: Realist Transition and Liberal Endurance." *International Studies Quarterly* 49(4): 669–693.

Rivlin, G. 2013. "Outnumbered by Bank Lobbyists." *The Nation*, May 20. http://www.thenation.com/article/174113/how-wall-street-defanged-dodd-frank (Accessed November 2013).

Rodgers, D. 1998. *Atlantic Crossings*. Cambridge: Harvard University Press.

Rotberg, R. (ed.) 2003. *State Failure and State Weakness in a Time of Terror*. Washington, DC: Brookings Institution Press and the World Peace Foundation.

————. 2004. *When States Fail: Causes and Consequences*. Princeton, NJ: Princeton University Press.

Roy, W. 1997. *Socializing Capital: The Rise of the Large Industrial Corporation in America.* Princeton, NJ: Princeton University Press.

Ruggie, J. 1982. "International Regimes, Transactions and Change: Embedded Liberalism in the Postwar Economic Order." *International Organization* 36(2): 379–415.

Samuels, R. 1987. *The Business of the Japanese State.* Ithaca, NY: Cornell University Press.

Sanderson, T. 1928. "Memorandum." in *British Documents on the Origins of the War, 1898–1914, Volume Three: The Testing of the Entne, 1904–6*, edited by G.P. Gooch and H. Temperley. London: Her Majesty's Stationery Office.

Schaper, T. and K. Schaeper. 1998. *Cowboys and Gentlemen: Rhodes Scholars, Oxford and the Creation of an American Elite.* Leamington Spa: Berg.

Scheidel, W. 2013. "Studying the State." in *The Oxford Handbook of the Ancient State*, edited by P. Bang and W. Scheidel. Oxford: Oxford University Press.

Schlosser, E. 2013. *Command and Control: Nuclear Weapons, the Damascus Accident, and the Illusion of Safety.* New York, NY: Penguin.

Scott, J.C. 1998. *Seeing Like a State: How Certain Schemes to Improve the Human Condition Have Failed.* New Haven, CT: Yale University Press.

Sen, A. 1981. *Poverty and Famines: An Essay on Entitlement and Deprivation.* Oxford: Clarendon Press.

Shaw, G.B. 1907. *John Bull's Other Island, and Major Barbara. Also How He Lied to Her Husband.* London: Constable.

Simmons, B., F. Dobbin and G. Garrett. 2008. "Introduction: The Diffusion of Liberalization." in *The Global Diffusion of Markets and Democracy*, edited by Beth Simmons, Frank Dobbin and Geoffrey Garrett, pp. 1–64. New York, NY: Cambridge University Press.

Skidelsky, R. 2000. *John Maynard Keynes: Fighting for Freedom, 1937–1946.* New York, NY: Penguin.

Skocpol, T. and V. Williamson. 2012. *The Tea Party and the Remaking of Republican Conservatism.* New York, NY: Oxford University Press.

Smith, A. 1986. "State-Making and Nation-Building." in *States in History*, edited by John A. Hall. Oxford: Blackwell.

Smith, M. 1992. *Power, Norms and Inflation.* New York, NY: Aldine de Gruyter.

———. 2013. "Beyond the Comfort Zone: Internal Crisis and External Challenge in the European Union's Response to Rising Powers." *International Affairs* 89(3): 653–671.

Snyder, J. 2000. *From Voting to Violence: Democratization and Nationalist Conflict.* Norton: New York.

Snyder, R. and R. Bhavnani. 2005. "Diamonds, Blood and Taxes: A Revenue-Centred Framework for Explaining Political Order." *Journal of Conflict Resolution* 49(4): 563–597.

Steil, B. 2013. *The Battle of Bretton Woods; John Maynard Keynes, Harry Dexter White and the Making of a New World Order.* Princeton, NJ: Princeton University Press.

Stepan, A., J. Linz and Y. Yadav. 2011. *Crafting State-Nations: India and Other Multinational Democracies.* Baltimore, MD: Johns Hopkins.

Stepan, A. and G. Robertson. 2003. "An 'Arab' More Than a 'Muslim' Electoral Gap." *Journal of Democracy* 14(3): 30–44.

Stiglitz, J. 2012. *The Price of Inequality: How Today's Divided Society Endangers Our Future.* New York, NY: Norton.

Stockolm International Peace Research Institute. 2012. Trends in World Military Expenditure, 2012. Stockholm: SIPRI. http://books.sipri.org/product_info?c_product_id=458# (Accessed January 2013).

Streeck, W. 1997. "German Capitalism: Does It Exist? Can It Survive?" in *Political Economy of Modern Capitalism*, edited by Colin Crouch and Wolfgang Streeck, pp. 33–54. Thousand Oaks, CA: Sage.

———. 2009. *Reforming Capitalism: Institutional Change in the German Political Economy*. New York, NY: Oxford University Press.

Subramanian, A. 2011. *Eclipse: Living in the Shadow of China's Economic Dominance*. Washington, DC: Peterson Institute for International Economics.

Swank, D. 2002. *Global Capital, Political Institutions and Policy Change in Developed Welfare States*. New York, NY: Cambridge University Press.

Teles, S. 2008. *The Rise of the Conservative Legal Movement*. Princeton, NJ: Princeton University Press.

Thelen, K. and I. Kume. 1999. "The Effects of 'Globalization' on Labor Revisited: Lessons from Germany and Japan." *Politics and Society* 27(4): 476–504.

Trentmann, F. 2008. *Free Trade Nation: Consumption, Civil Society and Commerce in Modern Britain*. Oxford: Oxford University Press.

Treverton, G. 1978. *The Dollar Drain and American Forces in Germany: Managing the Political Economics of Alliances*. Columbus: Ohio University Press.

Trigger, B. 2003. *Understanding Early Civilizations: A Comparative Study*. Cambridge: Cambridge University Press.

Tsoukalis, L. 2003. *What Kind of Europe?* Oxford: Oxford University Press.

United Nations Conference on Trade and Development. 2013. *Global Foreign Direct Investment Declined by 18% in 2012, Annual Report Says*. Washington, DC: UNCTAD. http://unctad.org/en/pages/PressRelease.aspx?OriginalVersionID=143 (Accessed January 2014).

U.S. Central Intelligence Agency. 2014. *CIA World Factbook*. https://www.cia.gov/library/publications/the-world-factbook/geos/ci.html (Accessed May 2014).

U.S. Department of Commerce, Bureau of the Census. 1975. *Historical Statistics of the United States*. Washington, DC: U.S. Government Printing Office.

U.S. Department of Defense. 2013. *Base Structure Report, Fiscal Year 2013 Baseline*. Washington, DC: U.S. Department of Defense. http://www.acq.osd.mil/ie/download/bsr/Base%20Structure%20Report%202013_06242013.pdf (Accessed November 2013).

U.S. Federal Reserve. 2013a. *Balance of Current Account, 1960–2013*. St. Louis, Washington, DC: Federal Reserve Bank of St. Louis. http://research.stlouisfed.org/fred2/graph/?id=BOPBCA (Accessed November 2013).

———. 2013b. *Federal Debt: Total Public Debt as Percent of Gross Domestic Product*. St. Louis, Washington, DC: Federal Reserve Bank of St. Louis. http://research.stlouisfed.org/fred2/series/GFDEGDQ188S (Accessed November 2013).

U.S. Office of Management and Budget. 2013. *The President's Budget for Fiscal Year 2014*. Washington, DC: U.S. Office of Management sand Budget. http://www.whitehouse.gov/omb/budget (Accessed November 2013).

U.S. Social Security Administration. 2013. "A Summary of the 2013 Annual Report." http://www.ssa.gov/oact/trsum/ (Accessed November 2013).

Van der Pijl, K. 1984. *The Making of an Atlantic Ruling Class*. London: New Left Books.

Veblen, T. 1915. *Imperial German and the Industrial Revolution*. New York: Macmillan.

Vezirgiannidou, S. 2013. "The United States and Rising Powers in a Post-hegemonic Global Order." *International Affairs* 89(3): 635–651.

Vogel, S. 1996. *Freer Markets, More Rules: Regulatory Reform in Advanced Countries*. Ithaca, NY: Cornell University Press.

Wade, R. and F. Veneroso. 1998a. "The Asian Crisis: The High Debt Model Versus the Wall Street-Treasury-IMF Complex." *New Left Review* 228: 3–24.

———. 1998b. "The Gathering World Slump and the Battle Over Capital Controls." *New Left Review* 231: 13–42.

Weber, M. 1980. *Wirtschaft und Gesellschaft: Grundriss der verstehenden Soziologie*. Tubingen: J.C.B Mohr.

Weisman, J. 2014. "Spending Plan Ignores Overhaul for IMF." *The New York Times*, January 16, A14.

Weiss, L. 1998. *The Myth of the Powerless State*. Ithaca, NY: Cornell University Press.

———. 2003. "Guiding Globalization in East Asia: New Roles for Old Developmental States." in *States in the Global Economy*, edited by Linda Weiss, pp. 245–270. New York, NY: Cambridge University Press.

———. 2014. *America Inc.? Innovation and Enterprise in the National Security State*. Ithaca, NY: Cornell University Press.

Western, B. and K. Beckett. 1999. "How Unregulated is the U.S. Labor Market? The Penal System as a Labor Market Institution." *American Journal of Sociology* 104: 1030–1060.

Wilkinson, R. and K. Pickett. 2009. *The Spirit Level: Why Greater Equality Makes Societies Stronger*. New York, NY: Bloomsbury.

Wilson, W.J. 2006. *When Work Disappears*. New York, NY: Knopf.

Wimmer, A. 2013. *Waves of War: Nationalism, State Formation, and Ethnic Exclusion in the Modern World*. Cambridge: Cambridge University Press.

World Bank. 2013a. *Current Account Balance*. Washington, DC: World Bank. http://data.worldbank.org/indicator/BN.CAB.XOKA.CD (Accessed November 2013).

———. 2013b. *GDP Growth (Annual %)*. Washington, DC: World Bank. http://data.worldbank.org/indicator/NY.GDP.MKTP.KD.ZG (Accessed December 2013).

———. 2014. *World Data Bank/World Development Indicators*. Washington: World Bank. http://databank.worldbank.org/data/views/reports/tableview.aspx (Accessed March 2014).

World Economic Forum. 2012. *The Global Competitiveness Report, 2012–2013*. Geneva: World Economic Forum.

———. 2013. *The Global Competitiveness Report, 2013–2014*. Geneva: World Economic Forum.

World Trade Organization. 2013. *International Trade Statistics*. Geneva: WTO. http://www.wto.org/english/res_e/statis_e/its2013_e/its13_appendix_e.htm (Accessed December 2013).

Worsley, P. 1984. *The Three Worlds: Culture and Human Development*. London: Weidenfeld and Nicolson.

Worstall, T. 2011. "China Makes Almost Nothing Out of Apple's iPads and iPhones." *Forbes*, December 24. http://www.forbes.com/sites/timworstall/2011/12/24/china-makes-almost-nothing-out-of-apples-ipads-and-i/ (Accessed November 2013).

Zucker, S., C. Deutsch, J. Hoerr, N. Jonas, J. Pearson and J. Cooper. 1982. *The Reindustrialization of America*. New York, NY: McGraw-Hill.